歴史文化ライブラリー

316

鎌倉幕府の滅亡

細川重男

吉川弘文館

目 次

「不敗神話」の崩壊——プロローグ

鎌倉幕府の滅亡

源頼義が岳父（妻の父）平直方から受け継いで以来、〝武家の棟梁清和源氏嫡流〟の根拠地となった相模国鎌倉に、頼義六代（『尊卑分脈』）の孫源頼朝が入ったのは治承四年（一一八〇）十月六日。以降、鎌倉の地は当時「関東」と呼ばれ、今は「鎌倉幕府」と呼ばれている日本最初の本格的武家政権の所在地、「武家の都」となった。都市鎌倉の誕生である。

それから百五十一年の後。

元弘元年（一三三一）四月二十九日、京よりの早馬が鎌倉に到着した。当時の今上天皇、後醍醐天皇の乳母夫であり側近でもある吉田定房からの飛脚であった。

後醍醐の近臣右中弁日野俊基が謀反を計画しており、後醍醐に近侍する文観・円観らの僧侶が関東調伏の祈禱を修している――後醍醐による二回目の倒幕計画「元弘の変」の発覚であった（この「元弘の変」という事件を契機に始まる内乱を「元弘の乱」という）。

定房の密告は責任を俊基ら近臣にかぶせ、無謀としか言いようのない計画に突進する後醍醐を自滅から救おうとしたものであり、幕府も七年前、正中元年（一三二四）九月における一回目の倒幕計画発覚（正中の変）の時と同じく、事件の拡大化を避けようと後醍醐の責任を問わずに解決することを選んだ（『花園天皇宸記』）。

五月五日、幕府の使者二名が上洛。俊基・文観・円観らは逮捕され、鎌倉に送られた。事件は、これで終結したはずであった。

ところが、八月二十四日夜、後醍醐は三種の神器を奉じて内裏を脱出。比叡山に行くと見せかけて、山城国鷲峰山を経、同国笠置寺に向かったのである。険阻な笠置山頂にある笠置寺に後醍醐が入ったのは、二十七日。

天皇臨幸を伝えられた比叡山では、一時、後醍醐の皇子である元天台座主尊雲法親王に率いられた衆徒が攻め寄せた六波羅探題（幕府の西国統治機関）の軍勢に勝利したが、臨幸が虚報であることを知った衆徒は四散。尊雲は行方知らずとなった。

八月二十九日、「天皇御謀叛」の報は鎌倉に届き、幕府は九月二日、承久（じょうきゅう）の乱の先例により、大仏貞直（おさらぎさだなお）（北条氏一門）・金沢貞冬（かねさわさだふゆ）（北条氏一門）・足利高氏（あしかがたかうじ）（後の尊氏）らを大将とする大軍の上洛を決定した。

一方、西国では、九月に入ると河内に楠木正成（くすのきまさしげ）、備後に桜山四郎入道（さくらやましろうにゅうどう）らが後醍醐方として挙兵。各地で幕府軍との交戦を開始した。

九月二十八日、笠置はついに陥落。後醍醐は脱出したものの、三十日逮捕された。

十月二十一日、河内赤坂城落城。籠城していた楠木正成は逃亡した。

翌元弘二年正月二十一日、桜山四郎入道は自刃。

かくて西国の騒乱は終結した。

三月七日、後醍醐は承久の乱における後鳥羽（ごとば）上皇の処分を先例として隠岐（おき）に配流された。尊雲法親王・楠木正成らは取り逃がしたものの、これで事件は幕を下ろしたと幕府首脳部は考えていた。

だが、表面的な平和の期間、比叡山から消えた尊雲は、大和の十津川・吉野、紀伊熊野など畿内南部の山岳地帯を巡って、抵抗組織を構築していたのであった。

十一月、還俗し護良（もりよし）親王を名乗った尊雲は吉野に挙兵。これに呼応して、河内千早（ちはや）城に楠木が、播磨苔縄(こけなわ)城に護良の従者赤松則祐(あかまつそくゆう)の父則村(のりむら)が幕府打倒の兵を挙げた。六波羅探題は討伐軍を派し、関東からもふたたび大軍が派遣されて、畿内はたちまち内乱状態に陥った。

護良らは険峻な山岳地帯でゲリラ戦を展開。幕府軍を翻弄し、やがてこれを圧することとなる。

元弘三年四月、関東から六波羅救援に派遣された足利高氏は後醍醐方に寝返り、護良らの軍勢とともに六波羅を攻撃。五月七日、追い詰められた六波羅北方探題普音寺仲時(ふおんじなかとき)・南方探題北条時益(ほうじょうときます)は京都脱出を決め、光厳(こうごん)天皇および後伏見(ごふしみ)・花園(はなぞの)両上皇を奉じて関東を目指した。しかし、時益は同日中に流矢に当たり落命。九日、進退窮まった仲時以下は近江国番場の蓮華寺に自刃した。その数、『太平記(たいへいき)』によれば四百三十二人。承久三年(一二二一)以来百十二年、京都と西国を制圧し続けた六波羅探題の滅亡であった。

一方、それまで騒乱の気配もなかった関東では、六波羅一党が京都を追われた翌日の五月八日、上野において新田義貞(にったよしさだ)が挙兵した。進軍に従って雪ダルマ式に軍勢を増やした新田軍は各地で幕府軍と交戦しつつ鎌倉に迫る。義貞の挙兵以後、東日本の各地で武士たちは兵を挙げ、あるいは新田軍に加わり、あるいは独自に鎌倉を目指した。

そして五月二十二日、鎌倉は陥落した。護良の吉野挙兵から数えても、わずか半年。新田挙兵からは、たった十五日。

『太平記』は、元弘三年五月二十二日、北条高時(たかとき)とともに北条氏代々の墓所東勝寺に滅びた者を八百七十余人、鎌倉攻防戦における全体の犠牲者を六千余人と記す。

東京大学人類学教室によって昭和二十八年（一九五三）三月から開始された材木座海岸での鎌倉合戦犠牲者埋葬跡発掘調査によって発見された人骨は九百十体。これを含め、東京大学人類学教室が確認した材木座発掘人骨は約二千体に及んだ。このおびただしい人骨数から、『太平記』の記す犠牲者数が裏付けられる。

突然の風に煽られた硝子(ガラス)の風鈴が地に落ちて砕け散るように、頼朝の鎌倉入りから百五十三年続いた鎌倉幕府は実に呆気なく、そして壮絶に滅亡したのである。

無敵の歴史

鎌倉幕府は無敵であった。

治承四年（一一八〇）八月、源平合戦初頭での石橋山(いしばしやま)敗戦以降、鎌倉滅亡の戦いである元弘三年（一三三三）四・五月の京都合戦・関東合戦の敗北に至るまでの百五十三年間、至高の敵後鳥羽院（上皇）、空前の敵モンゴル帝国との戦いを含め、不敗を誇り続けた。

この「無敵の歴史」を支えたものこそ、御家人制である。内乱期の辺境に反政府武装勢力として産声を上げた初期鎌倉幕府は、「鎌倉殿」たる源頼朝が各武士団の長と主従関係を結ぶことによって、東国に盤踞（ばんきょ）する武士団を規模に関わりなく、そのまま組織化していった。鎌倉殿の従者となった武士団の長たちこそ、「御家人」である。かくて東国武士団を結集した初期鎌倉幕府は、史上最大の武士団であり、糾合した御家人たちの軍事力によって足掛け十年に及ぶ内乱の勝者となり、その後も鎌倉時代を通じて勝利し続けることとなる。

その鎌倉幕府が元弘三年五月二十二日滅亡した。

「無敵の鎌倉幕府」は、なぜ滅びたのか

現在、鎌倉幕府の滅亡の原因としては次のようなことが指摘されている。

①畿内近国において荘園制を揺るがした悪党の跳梁（ちょうりょう）、
②恩賞問題をはじめとする対蒙古防衛策の重圧、
③天皇家分裂の果てに惹起した後醍醐天皇の倒幕運動、
④貨幣経済の進展による御家人の窮乏化、
⑤惣領制の動揺による御家人の家内部の混乱、
⑥得宗（とくそう）（北条氏の家督〈惣領・家長〉）を頂点とする北条氏への権力集中とこれによる幕府

の専制化、
⑦暗愚の主北条高時の下での御内人（得宗家の従者）の幕政壟断、
などである。

いずれを見ても、隔靴掻痒の感を抱くのは、私だけなのであろうか。つまり、右に列挙したことを「これが鎌倉滅亡の原因である」と言われて、スッキリ納得できる人が何人いるのであろうか。どの問題も鎌倉幕府にとってダメージであったことは間違いないとしても、いずれも致命的な原因とは、私には思えないのである。特に①②③は、王朝（朝廷）の支配する西国（西日本）の問題である。現在の有力な学説の一つに、鎌倉幕府は良くも悪くも東国（東日本）を支配領域とする東国政権（東国国家）であったとする説がある。これを額面どおりに受け取れば、①②③は鎌倉幕府にとって、言ってしまえば「どうでもいい」「ほうっておけば良かった」ことになるのではないか——などと言えば、歴史学者・研究者と称される人々の一部は「それは素人考えだ」と鼻先であざ笑うであろう。しかし、鎌倉幕府が直接的には東国を支配領域とする東国政権であったことは一面の事実である。なぜ、鎌倉幕府は皇位継承を含む西国の問題に介入しなければならなかったのか。④⑤は経済を含めた武家社会の大きな変化であり、鎌倉滅亡と密接に関わることは言を俟たないが、では、どのように関連するのか。⑥⑦は総じて鎌倉幕府の「腐敗」と言われる現象であるが、これらの何をもって「腐敗」と言うのであろうか。北条氏が後期鎌倉幕府の重要な役職の多くを手中にし大きな権力を握っていたことは事実である。しかし、朝廷とて上級貴族の大半は藤原氏であり、室町幕府でも守護の中に占める足利一門の数は少なくない。なぜ、鎌倉幕府と北条氏だけが責められるのか。専制化にしても、前近代の政権は通常、専制的なものであり、鎌倉幕府に限ったことではないであろう。高時が暗愚であるというなら、その暗愚の人の自刃（じじん）がなぜ鎌倉幕府の滅亡を意味したのか。御内人が跳梁したのは事実であるが、では、なぜそのような現象が起こったのか。

そこで本書では、鎌倉幕府の構造的変化、特に「御恩と奉公」の言葉で知られ、鎌倉幕府の根幹を成す制度である御家人制の質的変化、すなわち鎌倉幕府そのものの変質から、鎌倉滅亡の要因について考えてみたい。政変や戦乱の経過のような歴史の表面で起こった現象ではなく、その現象を引き起こした原因を追及することによって、鎌倉滅亡の要因に迫りたいのである。

幕府についての二つの評価

鎌倉滅亡について考える前提として、まず、鎌倉幕府についての現時点（二〇一〇年現在）における基本学説を紹介しておく。

最初に国家論・政権論については、黒田俊雄氏「権門体制論」と佐藤進一氏「東国国家論（東国政権論）」が二大学説の地位を占めている。

「権門体制論」は、日本中世の国家支配機構は公家（天皇家・摂関家以下）・寺家（＋社家、南都・北嶺〈興福寺・延暦寺〉をはじめとする寺社）・武家（幕府）など複数の「権門的勢力」の相互補完と競合の上に成り立っていたとする。この学説では、天皇は天皇家という権門の主要な一員であるとともに、諸権門の頂点に立つ国王であるとされる（黒田『日本中世の国家と宗教』〈岩波書店、一九七五年〉など）。この学説の基本である「権門」について、黒田氏は「政治的・社会的に権勢を持ち、荘園支配など家産的経済を基礎とし、（中略）家政機関と家司を持ち、下文、奉書など基本的に同一様式の文書を発給し、多少とも私的武力を備えた門閥集団」（黒田「権門体制」〈『日本史大事典』二、平凡社〉）と定義している。

つまり、鎌倉時代の日本では、国王である天皇の下に権門が結集し、時には相互に対立しつつも、それぞれの役割を果たし、総体として支配層を形成していたとするのである。この学説は、権力ばかりでなく権威をも含めた形式をも重視した考えと言える。

一方、「東国国家論」は、中世の王朝（朝廷）は律令国家の変質形態「王朝国家」であり、これに対し鎌倉幕府は主従制に基づくもう一つの中世国家である「東国国家（東国政権）」であったとする（佐藤『日本の中世国家』〈岩波書店、一九八三年〉など）。この学説は、権力の所在を追究した実質重視の考えである。

「権門体制論」と「東国国家論」は、現在の日本中世史学界では並立状態にあり、それぞれの学説に基づく研究がなされている。

鎌倉幕府を研究対象とする私からすると、二つの学説は、どちらが正しくどちらが間違っているというものではないように見える。どちらも鎌倉幕府の性格の一面を正しくとらえている。鎌倉幕府は権門体制における武家権門（軍事権門）という側面と東国を独自に支配する東国政権という側面を持っているからである。

鎌倉時代の国家論・政権論には「権門体制論」と「東国国家論」の二つが存在しており、これらを統合する、または乗り越える学説は提出されていないというのが、日本中世史学界の現状なのである。

揺らぐ定説

次に、鎌倉幕府の政治体制については、将軍独裁・執権政治・得宗専制という佐藤進一氏の提唱した三段階論（佐藤「鎌倉幕府政治の専制化について」〈『日本中世史論集』、岩波書店、一九九〇年、初出一九五五年〉）が定説である。

「将軍独裁」は、源頼朝期を典型とする文字どおりの将軍独裁体制である。「執権政治」は『関東御成敗式目』（『貞永式目』）の制定に代表される法治主義と評定衆の設置による合議制が根幹であり、北条泰時期が典型とされる。執権政治期の幕府最高議決機関は、評定衆の会議である評定とされる。「得宗専制」は、幕府の最高権力が執権という幕府の役職を離れて北条氏の家督（惣領・家長）である「得宗」個人の手中に移った体制で、北条貞時期が典型とされる。この時期の幕府最高議決機関は、得宗家の私的会議から発達して評定の上に位置することとなった寄合とされる。寄合の構成員を寄合衆という。

三段階論の最大の問題点は、将軍独裁から執権政治へ、執権政治から得宗専制へというそれぞれの境界が、研究者によって異なり定説が存在しないことである。特に得宗専制の成立時期については、寛元四年（一二四六）宮騒動と翌宝治元年（一二四七）宝治合戦から弘安八年（一二八五）霜月騒動までの四十年弱の間に学説が乱立している状態にある。

ちなみに、得宗専制論の提唱者である佐藤進一氏は、「（霜月騒動で―筆者註）幕府政治は間ちがいなく大きく曲がり角をまがった」と記し、「貞時によって達成された得宗専制政治」と記す（『日本の中世国家』）一方で、北条時宗を「得宗専制の第一段の確立者」と記し、「文永弘安以降の得宗専制時代」とも記している（「鎌倉幕府政治の専制化について」）。文永から弘安（一二六四〜八八）はほとんど時宗の治世期であるから、佐藤氏は時宗治世の文永年間以降を得宗専制の時代ととらえ、霜月騒動を得宗専制の第一段階から第二段階への画期としていることになる。佐藤氏の得宗専制論は、時宗期を第一段階、貞時期以降を第二段階（完成型）とする二段階論なのである。

ところが、もう一つの大きな問題として、半世紀以上にわたって定説化していたこの得宗専制論が、ここ十余年の研究の進展により、現在揺らいでいるということがある。

得宗専制論の前提にあるのは、得宗の北条氏一門に対する一元的統制の存在である。得宗は北条氏の家督として北条氏一門全体に惣領制的支配を貫徹しており、一門の持つ所領・守護職や幕府役職は得宗の意のままになっていたとされていた。しかし、近年の研究によって、北条氏内部に成立した各分家の所領経営をはじめとする家政運営は独立採算制でなされており、得宗の支配は及んでいなかったことが明らかになったのである。

揺らいでいるのは得宗専制論だけではない。たとえば、鎌倉幕府が原則、国ごとに設置したとされてきた守護が、幕府の本拠地である東国の国々をはじめとして、少なからざる国々で鎌倉末期まで不設置であったことが、近年の研究で明らかになっている（本書では、読者の混乱を避けるため、守護にかわって置かれていた「番頭(ばんとう)」「頭人(とうにん)」についても、これまでどおり、便宜「守護」と表記する)。

以上が、鎌倉滅亡について考察する際の前提となる鎌倉幕府についての学説の現状である。

多くのことが未だ明らかでなく、長く定説とされてきた学説すら揺らぎを見せている。このような状況下で鎌倉滅亡の要因を考えるのは、そもそも無謀な気もするが、本書では次のような手順でこれに取り組みたいと思う。

「幕府の職制」では、「御家人とは何か」について述べた後、幕府中枢における政治・訴訟制度と役職の成立過程を幕府の内部抗争史とからめて概観する。「特権的支配層の成立」では、制度・役職成立の副産物として鎌倉後期(北条時宗執政期以後)に生じた鎌倉幕府独自の家格秩序の存在とこれを根拠として鎌倉幕府を支配した「特権的支配層」の実態について論述する。そして「鎌倉幕府の滅亡」では、鎌倉滅亡の要因について考えたい(なお、本書に登場する主な人々については、巻末の参考系図を参照されたい)。

本書は、「鎌倉幕府は、なぜ滅びたのか」知りたいと願いながら、誰も納得のゆく答を教えてくれないので、自分でずっと調べて考えてきた一鎌倉幕府研究者がとりあえず出した答である。それが正解なのか間違っているのか、当人にはわからない。それは読者の判断に任せるしかない。

鎌倉時代後期、「武士の貴族」がいたと言ったら、そして、この「武士の貴族」の存在こそが鎌倉滅亡の原因だと言ったら、読者は眉にツバするであろうか。

幕府の職制

御家人制の成立

武士団の構造

治承四年（一一八〇）五月の以仁王による反平氏クーデター計画発覚と、これに続く八月の源頼朝挙兵から文治五年（一一八九）秋の奥州合戦までの足掛け十年の期間は、わが国史上最初の全国的長期内乱の時代であった。日本最初の本格的武家政権「鎌倉幕府」の成立をもたらしたこの内乱は、「源平合戦」「治承・寿永の内乱」などと呼ばれている。どちらも、あまり適切な名称とは言いかねるが、本書では一般によく知られている「源平合戦」の名でこの内乱を呼ぶことにする。

まずは、御家人の供給源となった源平合戦当時の武士団の基本構造について述べておこう。

武士団は「血縁および主従関係を根幹とする戦闘組織」と定義することができる。この武士団に所属する戦闘員が、すなわち武士である。武士団とは、惣領（主人）の下に結集した武士によって構成される戦闘組織なのであり、構成員の基本を成すのは家子と郎従である。家子は惣領と血縁関係を有する者、郎従は惣領と血縁を持たない従者のことである。ちなみに、家子の範囲は非常に広く、惣領の兄弟・子・孫のような近親から数世代前に分かれた一族にまで及ぶ。

「惣領―家子・郎従」が武士団の基本単位であるが、武士団の規模はさまざまであり、武蔵の熊谷氏のように父子二名に郎従一人（『平家物語』巻九「一二の懸」）、同じく武蔵の河原氏のように兄弟二人のみ（『平家物語』巻九「二度の懸」）という極小の武士団がある一方で、数百・数千騎、あるいは万単位を呼号する大武士団もあった。

大武士団は中小武士団の集合体であるが、小山氏・千葉氏・三浦氏など豪族領主と呼ばれる大武士団は惣領の構成員への統制が比較的強く、同じ大武士団でも秩父党・武蔵七党など「〜党」と称される武士団は惣領の権限が比較的弱く連合体の性格が強いとされる。

いずれにしろ、この頃の武士団内部の結合は、一般に考えられているほど強固なものではなかった。特に惣領と家子の結び付きは、かなりルーズなものであった。これは、当時の武士団の相続形態が分割相続であり、惣領は一門の所領に対し、具体的な権限を持たなかったからである。よって、惣領の家子に対する結集力は、惣領個人の才能、当時の言葉で言う「器量」を含めた人格的・観念的なものであった。つまり、ある武士Aがある武士Bの家子であるかどうかは、かなり曖昧で、極端に言えば、各個人の意識の問題であり、さらに時と場合によって常に揺れ動いたのである。郎従の惣領への従属性は、家子に比べれば強いものであったが、それでも武士の主従関係は個人と個人の関係、つまりは原則、一代限りのものであった。たまたま主従関係が世代を越えて連続した場合に、「累代の家人」と呼ばれるにすぎなかったのである。それは、「累代の家人」という言葉の存在自体が示していることである。主従関係が世代を越えて継承されるのが常態であれば、「累代の家人」という言葉は必要ないのであり、この言葉が存在することは、すなわち当時の主従関係が基本的に世代を越えるものではなかったことの証拠なのである。

このようにルーズな当時の武士団の実態の上に、頼朝は御家人制を構築した。

頼朝期の御家人制

頼朝は大武士団の家子を惣領と同等に御家人としたのである。具体例を挙げれば、小山朝政の弟長沼宗政・結城朝光は惣領朝政と同じく御家人となったし、千葉常胤の子息・孫も、三浦義澄の兄弟・子息・叔父・甥もすべて御家人となっている。つまり、頼朝は大武士団の内部に手を入れ、大武士団の家子個人個人と主従関係を結んだのである。

その一方で、頼朝は自身の従者となった者（つまり御家人）の郎従は、御家人と差別し、主人である御家人が健在な場合は、その郎従を御家人に取り立てることは基本的になかった。御家人の郎従に功績があった場合でも、褒美として旗や弓袋などを与えるのみで、御家人のように所領を与えることはなかった（『吾妻鏡』文治五年九月二十日条）。御家人の郎従の功績は主人である御家人の功績としてカウントされたのである。

さらに現在では、鎌倉殿（鎌倉将軍）の従者となった武士は、いっしょくたに「御家人」と理解されているが、頼朝期は少し事情が違っていた。頼朝は自己の下に結集した武士たちについて、先に見た一般の武士団をモデルとして、これをアレンジしたランキングをしたのである。左の三ランクである。

〔門葉〕　清和源氏一門。一般武士団の家子に相当。
〔家子〕　頼朝親衛隊。一般武士団に該当なし。
〔侍〕　いわゆる御家人。一般武士団の郎従に相当。

一般武士団の「家子」が幕府の「門葉」であり、幕府の「家子」は一般武士団には該当するものが存在しない点がやや複雑であるが、要するに鎌倉幕府の「門葉」「侍」は一般武士団の「家子」「郎従」にあたるのである。

よって、頼朝期鎌倉幕府の本質は、史上最大・最強の武士団であったと言うことができる。

一方で、頼朝期鎌倉幕府と一般武士団の間には大きな相違点もある。それは、鎌倉殿たる頼朝の構成員への強い統制力である。頼朝は御家人（門葉・家子・侍）一人一人を自己の統制下に置き、御家人が自己を介さずに朝廷をはじめとする他者と直接結び付くことを許そうとしなかった。この点は惣領と家子・郎従の関係がルーズな一般武士団と頼朝期鎌倉幕府の最も大きな相違点である。御家人に対する統制と御家人の郎従を直接把握しなかったことは、表裏の関係を成している。頼朝は自己を頂点とするピラミッド型の戦闘組織・軍事組織の構築を目指したのである。

御家人制の完成とその矛盾

頼朝は、源平合戦の最終段階である奥州合戦を六代前の祖先源頼義によ る前九年の役になぞらえ、全国的な軍事動員をかけた。『吾妻鏡』によれば、その軍勢二十八万四千騎（文治五年九月四日条）。これが頼朝が動員した軍事力のマックスであった。そして頼朝は、わずか二十日ほどの戦闘で、奥羽十七万騎（九月七日条）を撃破し、足掛け十年に及ぶ内乱の勝利者となったのである。

かくて、内乱の時代は終わった。それはすなわち戦時体制が解かれ、鎌倉幕府はその組織を平時の、そして永続的なものに移行する段階に入ったことを意味する。

これに対応して頼朝は、建久年間（一一九〇～九九）に二つの政策をおこなっている。一つは、西国（西日本）御家人に対する再点呼であり、もう一つは京都大番役（おおばんやく）の国家的位置付けである。

前者は、内乱期に膨れ上がり奥州合戦時に最多に達した麾下（きか）の西国御家人たちに対し、あらためて頼朝の従者（御家人）となるのか、他者の従者（非御家人）となるのかを選択させたのである。ここで頼朝の従者となることを選択した者とその子孫は後に言う「西国御家人」となり、頼朝以外の主人を選んだ者とその子孫は「非御家人」となった。西国の非御家人は鎌倉後期には「本所一円地住人（ほんじょいちえんち）」と呼ばれ、武士でありながら鎌倉幕府には所属しないこととなる。こうして、御家人の範囲が確定された。

次に後者であるが、京都大番役は、諸国の武士が交替で内裏（皇居）の警備をおこなう制度であり、初めは各国の国司、後には清盛流平氏によって動員が成されていた。頼朝は平氏から大番役動員の権限を引き継いだわけであるが、全国の武士に課されていた大番役を、御家人のみに課すこととしたのである。これは重要な意味を持つ。すなわち、頼朝の一族および従者という私的な存在であった御家人（門葉・家子・侍）が、国家の軍事を独占的に遂行する国家的な身分となったことを意味するからである。

そして、御家人が国家的身分となったことが、頼朝が設定した門葉・家子・侍というランキングの意味を失わせ、おしなべて「御家人」と認識されるようになった原因であると考えられる。それぞれの頼朝との私的なつながりとは別に、御家人は等しく国家の軍事を担う身分となったからである。

以降、鎌倉時代を通じて、御家人は基本的に頼朝期に幕府の構成員となった者とその子孫に限定された閉鎖的集団となり、同時に国家的身分として他の武士（非御家人）と峻別される存在となった。

建久年間、源頼朝の一族・従者は確定されると同時に、彼らは独占的に国家的軍事を務める特殊身分となった。この時確定された者とその子孫が、すなわち「御家人」なのである。

以上のことからわかるように、鎌倉幕府は武士階級すべてを組織してはいなかった。東国武士を中心とした武士の一部を組織したにすぎなかった。

鎌倉幕府の成立は決して武士階級の大同団結を意味しなかったのである。それどころか、武士階級内部に不必要な分裂をもたらしたのである。まず、御家人と非御家人への分裂である。非御家人には、先に述べた、後の「本所一円地住人」の他に、御家人の郎従、「本所一円地住人」の郎従も含められよう。御家人の郎従は御家人を通じて、幕府の支配下にあるが、「本所一円地住人」とその郎従は、御家人と同じ武士でありながら、幕府の統制外にあった。

さらに、御家人内部にも最初から、さまざまな意味での分裂が存在した。

御家人制が「すべての御家人は鎌倉殿の従者として平等である」ことを原則としたことは、よく知られている。この「鎌倉殿の前での平等」は、鎌倉滅亡まで表面上変更されることはなかった。だが、すでに述べたように、そもそも頼朝の従者となった源平合戦期の東国武士には大きな階層差が存在したことも、また周知の事実である。千万単位の兵力を呼号する豪族型領主がある一方で、「顧眄（こべん）の郎従無し（恩を施してやるべき郎従がいない）」（『吾妻鏡』文治五年七月二十五日条）とあざ笑われた熊谷氏のような弱小領主もあったのである。ゆえに御家人制は、その成立期から、すでに内部に矛盾を孕（はら）んでいたと言うことができる。

また、幕府自身が東国御家人と西国御家人を差別的に待遇していた。たとえば、鎮西（九州）における惣地頭と小地頭の制度がある。広域を支配する惣地頭には東国御家人が就任し、地元鎮西の御家人は惣地頭の支配領域内の狭小な地域を小地頭として与えられたのである。小地頭は惣地頭の圧迫に苦しめられることとなる。西国御家人は二級御家人とでも言うべき扱いを幕府によってなされ続けたのであった。この点でも、鎌倉幕府は、しょせん東国御家人を支持基盤とする東国政権にすぎなかった。

このように成立の当初から武家社会の現実と乖離のあった御家人制は、その後の歴史の中でさらなる変質を遂げ、ついには「鎌倉殿の前での平等」はまったくの建前、絵に描いたモチとなってしまうのである。

次に、節をあらため、頼朝没後承久の乱までの幕府の政治過程を見てみよう。

御家人間抗争と職制

御家人間の抗争

正治元年（一一九九）正月十三日、源頼朝は五十三歳にして波乱の人生を閉じた。鎌倉殿の地位は、十八歳の嫡子頼家に即座に継承されたが、同年四月十二日、幕府では若い頼家の親裁を止め、これに代わる最高議決機関として十三人の有力者からなる合議機関を設置した。

この「十三人合議制」のメンバーは、武士系の有力者と頼朝期に文書発給をはじめとする幕府の行・財政の実務を執り頼朝の側近となっていた王朝の下級官人出身者を中心とする文士に大別される。

大江広元（文士。政所別当）・三善康信（文士。問注所執事）・藤原親能（文士）・三浦義澄（相模豪族）・八田知家（常陸豪族）・和田義盛（相模豪族。侍所別当）・比企能員（頼朝乳母比企尼の親族。頼家外戚）・安達盛長（頼朝側近）・足立遠元（武蔵豪族）・梶原景時（侍所所司）・二階堂行政（文士）・北条時政（頼朝外戚）・北条義時（頼朝家子）である。

頼朝の卒去で懸念される混乱を有力者の合議によって乗り切ろうとしたものと考えられる。だが、偉大なカリスマ頼朝を失った鎌倉幕府は、御家人間抗争という壮絶な内部抗争の時代に突入するのである。

① 正治元年八月　安達景盛討伐未遂事件

頼家が頼朝の流人時代からの近臣安達（小野田）盛長の息子景盛の愛妾を奪ったうえ、叛意があるとして景盛討伐を計画したが、母北条政子によって阻止された。

② 正治元年十～十一月　梶原景時弾劾事件

頼朝の側近であった侍所所司梶原景時が頼朝家子結城朝光を頼家に讒言したことから、御家人六十六人の弾劾を受け、失脚。景時は本領相模国一宮に逼塞した。

③ 正治二年正月　梶原景時滅亡事件

京都に向かおうとした景時が駿河国清見関で滅ぼされる。

④ 建仁元年（一二〇一）四～五月　越後城氏の乱

源平合戦期に頼朝と敵対し衰退した越後城氏の残党が叛乱を起こし討伐される。

⑤ 建仁三年五～六月　阿野全成誅殺事件

頼朝の弟で北条時政の女婿となっていた阿野全成が頼家により逮捕され配流の後、処刑された。

⑥ 建仁三年九月　比企の乱

頼朝の乳母比企尼の親族で頼家の外戚（妻の父）であった比企能員一族を北条時政が滅ぼす。頼家は失脚し、伊豆国修善寺に幽閉。弟実朝が三代将軍となり、実朝の外祖父時政は大江広元とともに政所別当に就任した。

⑦ 元久元年（一二〇四）七月　源頼家暗殺

頼家、配所である伊豆国修善寺にて殺害さる。

⑧ 元久二年六月　畠山合戦

時政とその後妻牧方の陰謀により、武蔵国秩父党実力者畠山重忠が滅亡。

⑨ 元久二年閏七月　牧氏の変

実朝謀殺を計画したことを子息義時らに糾弾され、時政・牧方夫妻が失脚し、伊豆国北条に追放される。清和源氏義光流で時政夫妻の女婿であり、夫妻によって四代将軍に予定されていた京都守護平賀朝雅が討たれる。義時は駆逐した父に替わり大江広元と並び政所別当に就任した。

⑩　元久二年八月　宇都宮頼綱討伐未遂事件

時政の女婿（義時の義弟）である下野の豪族宇都宮頼綱が謀反を計画しているとして義時が討伐を命じるが、下野最大の豪族で頼綱の姻戚である小山氏の仲介により、頼綱が出家のうえで義時に髻と恭順を誓う誓詞を提出し、討伐は中止された。

わずか六年ほどの間に、このような事件が連続したのである。城氏の乱は性格が異なるが、他はすべて将軍家を巻き込んでの有力御家人間の権力闘争であった。その結果は、長く父時政の意のままに動いていたように見えた北条義時を幕政指導者の地位につけた。牧氏の変において実父や義母すらも逐った義時は、まさにこの一撃によって鎌倉幕府の執政者の地位に就いたのである。

抗争はここでいったん終結し、以後の幕府政治は、将軍実朝とその母政子を擁する義時が大江広元・安達景盛らをブレーンとして運営していくこととなり、八年にわたり表面的な平和が訪れる。

義時の政策は、承元三年（一二〇九）十一月に守護交代制を導入しようとするなど幕政中枢への権力集中を目指すものであった。しかし、守護交代制は下野小山・下総千葉・相模三浦の三大豪族の反対を受けて挫折する（同年十二月）など、権力集中政策は反発を生んだ。義時に反発する人々はやがて侍所別当和田義盛を中核に大きな勢力を形成し、義時の勢力に対抗した。両派の対立は武力衝突となって一気に激発した。

⑪　建保元年（一二一三）五月　和田合戦

政所別当北条義時と侍所別当和田義盛の勢力が正面衝突した和田合戦は、鎌倉開府以来最大の、そして鎌倉幕府史上でも後の宝治（ほうじ）合戦・霜月（しもつき）騒動とならぶ大内乱であり、幕府を二分する戦いであった。義盛方は一時、実朝を将軍御所から避難させるほどの猛威をふるったが、和田氏の嫡家三浦氏の義村（よしむら）・胤義（たねよし）兄弟が寝返ったこともあり、義時はからくも勝利を収める。義盛方は、和田一族に加え、武蔵横山党、相模の土屋・山内・渋谷・毛利・鎌倉など幕府の本拠地南関東を中心に多くの有力武士団が討たれた。この事件で、義時はそれまで就いていた政所別当に加え、侍所別当をも兼ね、権力を盤石（ばんじゃく）のものとする。以降、政所別当・侍所別当は一人の兼職となり、これがすなわち執権（しっけん）職である。

かくて抗争は北条義時の勝利に帰した。しかし、御家人間抗争の余燼（よじん）は、六年後、さらなる事件を引き起こす。

⑫　承久元年（一二一九）正月　源実朝暗殺

右大臣任官の拝賀のため参詣した鶴岡社頭で実朝が兄頼家の遺子鶴岡別当公暁によって暗殺され、公暁もまた殺害された。源氏将軍家は三代にして滅亡した。この事件の背景は古来諸説があって今にいたるも判然としない。だが、これが頼朝卒去以来の抗争の結末であったことは明らかであろう。

御家人間抗争は、源平合戦という同じ戦場の釜の飯を喰った戦友たちが殺し合った陰惨な権力闘争であった。血で血を洗うがごときこの抗争の果てに、源氏将軍家は滅亡したのである。そして、抗争の最終勝利者となったのは、頼朝の義弟にして「家子専一」（『吾妻鏡』宝治二年閏十二月二十八日条）とされた北条義時であった。

承久の乱　主を失った鎌倉幕府は、後鳥羽上皇に皇子の関東下向を願い出た。しかし、たび重なる内部抗争とその末の将軍家断絶を幕府の弱体化と見た後鳥羽は皇子下向を拒絶し、さらに寵愛する舞女亀菊の所領摂津国長江・倉橋両荘の地頭停止を命じる宣旨を発給した。主なき幕府の足下を見て、強硬策に出たわけである。

だが、義時は「頼朝公の時恩賞として与えられた地頭職は、たやすく解任しがたい」として宣旨を拒否し（『吾妻鏡』承久元年三月九日・同三年五月十九日条）、頼朝の姉の曾孫にあたる摂関家九条家の子三寅を将来の鎌倉殿として鎌倉に迎えた。後の四代将軍藤原（九条）頼経である。

頼朝の後家であり頼家・実朝の母である政子は、三寅の後見となり、事実上の将軍として振る舞うこととなる。いわゆる尼将軍である。

一方、連続した内部抗争とその果ての将軍家断絶を倒幕の好機と判断した後鳥羽は、院の武力として、これまであった北面の武士に加え西面の武士を創設するなど軍事力の増強に努めた末、承久三年（一二二一）五月、ついに北条義時追討の宣旨を発する。承久の乱の勃発である。

周知のごとく、義時の嫡子泰時・弟時房を総大将とする幕府軍は各地で朝廷方の軍勢を撃破し、瞬く間に京都を占領した。後鳥羽・順徳・土御門三上皇は配流され、仲恭天皇は廃位された。

このような承久の乱の結末は、当時の人々にとって驚天動地の出来事であり、追討宣旨を蒙りながら上皇を倒した義時は、源頼朝と並ぶ鎌倉幕府の創始者と位置付けられるようになる。それは、建武三年（一三三六）十一月に発布された室町幕府樹立宣言『建武式目』

がその冒頭で「なかんづく鎌倉郡は文治、右幕下(源頼朝)はじめて武館を構へ、承久、義時朝臣天下を幷呑(へいどん)す、武家においては、もっとも吉土といふべきか」と記していることに如実に示されている。義時の承久の乱勝利は、彼の子孫の鎌倉幕府支配に一つの正統性を与えたのであった。

頼朝没後に連続し北条義時を幕政最高指導者に押し上げた御家人間抗争が、剝き出しの権力闘争であったことは、誰の目にも明らかであろう。だが、抗争を北条義時の覇権確立という結末まで鳥瞰して見ると、この権力闘争劇がある方向に向かっていたことに気付く。それは、幕府の権力が役職に集中していくということである。御家人間抗争は、頼朝の外戚北条氏、頼朝の近臣梶原景時、頼家の外戚比企氏など将軍家との特殊な関係を持つ者が権力者となっていた体制から、政所別当・侍所別当など幕府役職への就任者が権力を握る体制へという幕府の権力構造の変化に向かう方向性を持っていたのである。

同時に、義時が後鳥羽の地頭職改易要求を拒絶し、これが承久の乱の要因となったことは、義時たち当時の幕府中枢が鎌倉幕府の支持基盤・権力基盤をよく理解していたことを示している。鎌倉幕府は、御家人の政権であり、御家人の権益を保護することが使命、そして権力基盤なのであった。

職制の成立と制度

本節では、鎌倉幕府職制の成立過程を政治史の動向と合わせて概観することにする。時期区分として、プロローグに述べた将軍独裁・執権政治・得宗専制という三期は境界が研究者によってことなるため、便宜、為政者によって頼朝から義時期、泰時から時頼期、時宗期の三区分を用いることにする。

頼朝から義時期―侍所・政所・問注所

源頼朝期は将軍独裁の時代である。東国武士団の利益を代表する豪族領主、下級官人出身者を中心とする文士（法曹官僚・実務官僚）が、鎌倉殿頼朝の執政を支えていたが、政治制度・訴訟制度はおおむね未成熟なものであった。

侍所・政所（頼朝が公卿に昇る以前は公文所）・問注所の三大機関が早々に設置されたことは事実であるが、いずれも実態は貧弱なものであった。

御家人の統率と軍事を所管する侍所は、治承四年（一一八〇）十一月七日、和田義盛が別当（長官）に任命されて設置され、後に所司（次官）に梶原景時が任命されるが、侍所とは別に「宿老」と称される上総・小山・千葉・三浦などの豪族領主の大雑把なグループが存在し、頼朝は彼らの意見を聞きつつ実際の軍事活動の方針をみずから決定していた。

行・財政を司る政所の前身である公文所は、元暦元年（一一八四）十月六日、大江（当時、中原）広元を別当（長官）として創設されたが、この時の別当以外の職員は寄人のみ五名であった。

訴訟を担当する問注所は、公文所創設直後の同月二十日、三善康信を執事（長官）として創設されたが、この時の職員は執事を除くとわずか二名であった。しかも、この時、公文所は新造されたものの、問注所は頼朝邸の一角をそれに当て問注所の額を打っただけであった。

公文所・問注所の職員となった人々が文士であるが、大江広元（長井祖）・三善康信（太田・矢野・町野祖）・中原親能（後に藤原に改氏）・藤原行政（二階堂祖）・平盛時などの京下り官人を中心として、流人時代の頼朝の食客藤原邦通、やはり流人時代から頼朝に仕えていた中原光家、清和源氏の源邦業、武蔵の豪族領主足立遠元などを加え、十余人ほどであった。

この中に、頼朝の命で暗殺された甲斐源氏有力者一条忠頼の家人であった大中臣秋家がいる。秋家は公文所創設時に寄人に加わっているが、もともとは「歌舞曲に堪ふる者」であり、主人忠頼殺害の二日後、頼朝に召されて仕えることとなり（『吾妻鏡』元暦元年六月十八日条）、後にも頼朝の命で舞曲を演じていることから、もとは忠頼お抱えの芸能人であったらしい。武士の足立遠元や秋家のような者まで取り込まねばならなかった点に、頼朝期文士の人材不足ぶりが現れていよう。

公文所は頼朝の征夷大将軍任官後の建久三年（一一九二）八月五日、将軍家政所に改組され、別当に大江広元・源邦業が就任。公卿の家政機関として令（次官）・案主・知家事などの役職を整えたものの、文士の実情は以前と変化なかった。

結局、頼朝は軍事面では宿老の意見を聞き、行政・司法面では文士を手足として使いながら、最終決定は自身で下していたのであり、つまり頼朝期鎌倉幕府の決定とは頼朝の決定であった。頼朝の下には制度化された政務機関は事実上存在しなかったのである。

頼朝没後の御家人間抗争の結果、実朝期には鎌倉幕府の実権は、実朝とその母である北条政子を擁する政子の弟北条義時の手に帰す。元久二年（一二〇五）の牧氏の変で父時政を逐って大江広元とともに政所別当になった義時は、建保元年（一二一三）の和田合戦で侍所別当和田義盛を倒し、その職を併せ、この政所別当・侍所別当兼任の地位が、すなわち執権職となる。しかし、義時は前述のごとく大江広元・安達景盛ら少数のブレーンとともに政務を執ったのであり、制度化へ向かって確実に歩み出してはいたものの、制度化された政務機関はまだ存在しなかった。

政治・訴訟制度が急速に整備されるのは、義時の子息泰時の執政期である。

泰時から時頼期―連署・評定衆・引付衆

四代将軍藤原（九条）頼経を戴く北条泰時の治世期は、執権政治の典型とされる。

承久の乱の三年後、元仁元年（一二二四）の父義時卒去の直後、六波羅北方探題として京都にあった泰時は、南方探題であった叔父時房らとともに、急遽鎌倉に帰還。伯母政子の後援を受けて、異母弟政村を擁立せんとした義母（義時の後妻）伊賀方一門の陰謀を退け（伊賀氏の変）、執権に就任した。

嘉禄元年（一二二五）七月頃、泰時は時房を新設の連署に就任させた。連署とは、執権とともに幕府公式文書に署名することから起こった職名であり、わかりやすく言えば副執権であって、執権・連署制とは複数執権制であった。以降、執権・連署就任者が幕府の本拠地である相模守・武蔵守に任官することが多かったので「両国司」などとも称された。

次いで、同年十二月、評定衆が設置された。初代の評定衆は中原師員（文士）・三浦義村（武士）・二階堂行村（文士）・中条家長（武士）・町野康俊（文士。問注所執事）・二階堂行盛（文士。政所執事）・矢野倫重（文士）・後藤基綱（武士）・太田康連（文士）・佐藤業時（文士）・斎藤長定（文士）の十一名。武士三名・文士八名の構成である。なお、評定衆には序列があり、中原師員が筆頭、斎藤長定が最下位である。

評定衆に政所執事（政所の役職で、政所の次官である令を兼ねる）・問注所執事（問注所では執事が長官）が入っていることでもわかるとおり、執権・連署・評定衆によって構成される評定会議が、政所など既存機関の主要機能を吸収して、幕府の最高議決機関・訴訟機関となった。かくて鎌倉幕府は、政務を議す公的な機関を初めて持ったのである。その後、評定衆は増員され、それにともなって北条氏が次第に増加し、北条氏は評定衆の上位を占有することとなる。

続いて貞永元年（一二三二）七月、最初の武家法典として名高い『関東御成敗式目』

た。（『貞永式目』）五十一ヵ条が発布され、合議制と法治主義に基づく執権政治体制が完成し

泰時の治世は、元仁元年より仁治三年（一二四二）六月の卒去にいたるまで十八年に及ぶ。この時期には、大きな抗争や内戦はなく、鎌倉幕府にとって最初の安定期と言うことができる。

だが、泰時の卒去を契機として、鎌倉幕府中枢では御家人間抗争以来の深刻な派閥抗争が表面化する。二十五歳になっていた四代将軍藤原頼経の将軍派と十九歳で祖父の跡を継ぎ執権となった北条経時の執権派の抗争である。

頼経は寛元二年（一二四四）四月、わずか六歳の嫡子頼嗣に将軍職を譲り、翌三年八月には出家。前将軍、そして現将軍の父として、あたかも王朝における治天（天皇家の家督）のごとき存在となる。そして、頼経の背後には朝廷の実権を握る父九条道家があった。

これに対し、経時は寛元三年正月、十六歳の同母妹檜皮姫を頼嗣（七歳）に嫁がせて、北条氏をふたたび将軍家外戚とするなど、地位の保全に努めたものの、翌年三月、重病に陥り、二十歳の弟時頼に執権職を譲った後、閏四月一日、二十三歳で没した。

経時が執権在職わずか四年で夭折し、後継となったのが本来、執権職に就くはずではな

くその襲職に正統性を欠いた庶弟時頼であったことを、執権派撃滅の好機と見た頼経は五月攻勢にでて、ここに勃発するのが寛元宮騒動である。

ところが、戦闘態勢を固めた時頼の前に、将軍派は土壇場で足並みを乱し、事件は戦わずして将軍派の敗北に終わる。六月七日、二十一人の評定衆のうち、後藤基綱・狩野為佐・千葉秀胤（以上、武士）・町野康持（文士）の将軍派四人が罷免され、康持は問注所執事をも解任された。北条一門でありながら、将軍派の幹部であった名越光時は伊豆国北条に配流され、その弟時幸は自刃して果てた。そして、頼経は七月十一日京都へと送還されたのであった。だが、この事件は対立の根本的な解決とはならず、将軍派の巨魁三浦泰村・光村兄弟、毛利季光（大江広元の子）は評定衆の地位を保ったのである。

将軍派・執権派の抗争を最終的に解決したのは、翌宝治元年（一二四七）六月の宝治合戦であった。和田合戦以来の大規模な市街戦となったこの戦いで、幕府所在地である相模の大豪族であった源家累代の家人三浦氏は泰村・光村以下滅亡。下総千葉氏から分流し二代にわたって上総権介を世襲していた上総千葉氏（境氏）も当主秀胤をはじめとして族滅。文士でありながら侮りがたい戦力を有していた毛利季光も滅び、この他、常陸の豪族領主関氏・春日部氏などが滅亡。三浦方戦死者五百余人のうち将軍直轄軍の性格を有していた番衆は二百六十人に及び、将軍派は壊滅したのであった。

将軍派・執権派の抗争は、御家人の主人である将軍がみずから政務を執るべきか、泰時期に将軍後見役として幕府執政者の職となった執権が政務を執るべきかという幕府政治の根本的な方向に関わるものであり、しかも将軍派の背後には京都の藤原（九条）道家が存在したため、いずれかが他方を実力で排除する以外に解決はありえなかったと言えよう。

そして、宝治合戦に勝利した執権時頼とその派閥は、さらなる幕府の制度改革に着手した。合戦の翌月、泰時の弟で十七年にわたって六波羅北方探題として在京していた北条重時が鎌倉に帰還し、仁治元年正月の時房卒去以来空席だった連署に就任した。ここに七年半ぶりで複数執権制が復活し、以後定着した。重時は娘を時頼に嫁し、時頼の義父ともなった。

建長元年（一二四九）十二月、引付方が創設され、あらたな役職として引付衆が任命された。評定会議の下に、評定衆の上位者が頭人（班長）となる引付方が三方設置され、各引付方には頭人の下にそれぞれ数名の評定衆・引付衆・奉行人が配属されて、訴訟の予備審理がおこなわれることとなったのである。

ここに、泰時期以来次第に整備されて来た幕府職制・訴訟制度の基本が完成した。最初の引付方は三方で頭人は全員北条氏、初代の引付衆は五名で全員が文士であった。その後、引付衆は十五名程度まで増員され、引付衆就任者が評定衆に昇進するのが基本コースとなっていく。引付方は廃止された時期もあり、逆に時頼の孫貞時の執政期に最多の八方まで増設されたりもしたが、五方が基本であった。

幕府の訴訟制度

ここで幕府の訴訟手続きをおおまかに解説しておく。

幕府に訴訟を提起する者（訴人）は、訴状（告発状）を書いて問注所に提出する。訴状を受理した問注所では、所属の賦奉行が、訴状を引付方のいずれかに配す。引付方では配属の奉行人が孔子をおこなって、その訴訟の担当者が決められる。引付頭人の名において被告（論人）に対し問状が発給され、引付方は問状とともに訴状を訴人に渡し、訴人は自分で問状と訴状を論人に届ける。訴えられた論人は陳状（反駁状）を書いて、引付方に提出。引付方は訴人宛の問状を発給して、問状と陳状を論人に渡し、論人はこれらを自分で訴人に届ける。訴状と陳状の往復は三回繰り返され、これがいわゆる三問三答である。書面での三問三答の後、引付方では訴人・論人双方を呼び出し対決（討論）させたうえで、判決原案を複数作成し、これを評定会議に上申。評定会議の合議により判決が出され、勝訴者に下知状（裁許状。判決文書のこと）が与えられる。訴状・陳状の往復が訴人・論人当事者に任されている点（当事者主義）が、現代からすると奇異の感もあるが、執権政治期にきわめて整備された訴訟制度が完成していたことが理解されよう。なお、弘安七年（一二八四）に引付方で作成される判決原案は一つとされ、評定会議ではその当否のみが議されることとなる。これを引付責任制という。

鎌倉幕府は泰時〜時頼期において前代に比して訴訟機関、そして、統治機構として格段の発展を遂げたのであった。

宝治合戦より四年、引付方設置の二年後、建長三年（一二五一）十二月、突如、鎌倉で謀反計画が発覚した。いわゆる了行法師事件（建長の政変）である。了行は三浦氏の一族で、他に千葉氏一門の矢作某が逮捕されており、事件後、京都で藤原（九条）道家一門が勅勘を蒙っているので、この事件が宝治合戦残党の復讐戦であったことは明らかである。また、事件発覚の直前、清和源氏の重鎮足利泰氏が出家し、これが自由出家（幕府の許可を受けない出家）として咎められ所領を没収されている。よって泰氏も了行事件に関わっていた可能性がある。九条摂関家や足利氏も関わっていたと考えられることから、この事件がかなり大規模な計画であったことがわかる。しかし、結果は呆気ないものであった。当時すでに時頼の派閥が幕府を掌握していたことを示すものであろう。

実際、幕府は了行事件を契機に将軍交替・親王将軍の鎌倉下向を実行するのである。建長四年三月、藤原（九条）頼嗣（十四歳）は将軍を廃されて上洛し、後嵯峨上皇の皇子宗尊親王（十一歳）が新将軍として鎌倉に迎えられた。ここに時頼は曾祖父義時が承久元年（一二一九）の実朝没後に模索しながら挫折した親王将軍を実現し、以降、鎌倉幕府は皇族を主人に戴くこととなる。

時頼の治世期は、宝治合戦以降、弘長三年（一二六三）の卒去にいたる十六年間、了行事件があったのみで、泰時期に次ぐ鎌倉幕府の第二の安定期であった。了行事件すら逆手にとって将軍交替を実行した時頼は、執権・連署制の復活、引付方創設によって、泰時の路線を継承し、法治と合議に基づく執権政治体制を完成させた。宮騒動・宝治合戦において実力で対抗勢力を排除した時頼は、権力基盤の安定のため、迅速で公平な裁判という御家人たちのニーズに応える政策を実行したのであった。

だが、時頼期については、北条氏家督たる得宗への権力集中という幕府政治の新たな方向性も見逃すことはできない。康元元年（一二五六）十一月、重病に陥った時頼は死を覚悟し、執権職を重時の嫡子赤橋長時に譲り、出家を遂げた。しかし、三十歳の時頼は回復し、以後、卒去までの七年間僧形で、つまり幕府の制度上に公的な地位を持たぬまま、幕政を主導したのである。ここに、幕府の公職である執権職と北条氏家督である得宗という私的な地位の分離が起こり、元執権である北条氏家督が幕政の最高指導者となるという現象が起こった。執権政治の体制が完成する一方で、時宗期に完成する得宗への権力集中に向かう道が準備されたのである。

また、宗尊親王は成長するに従い、将軍としての自覚に目覚め、みずから政務を執ろうという意欲を持つにいたる。結果、将軍宗尊と元執権時頼から相反する指令が出て、現場責任者が板挟みとなる事態も発生するようになるのである（『吾妻鏡』弘長元年正月四日条）。将軍が御家人の主人である以上、将軍が政治活動をおこなう意志を持てば、将軍と執権（得宗）の対立は再生産される運命にあった。しかし、宗尊と時頼の関係は少なくとも表面的には良好なものであり、破綻にいたることはなかった。事態が深刻化し、大きく動くのは、時頼の没後である。

時宗期―蒙古政策と得宗独裁

弘長三年（一二六三）十一月、時頼が三十七歳で急逝すると、嫡子時宗（ときむね）は翌文永元年（一二六四）八月、十四歳で連署に就任した。

伯父経時の執権就任は十九歳、父時頼が同じく二十歳で、これらとて時政の六十六歳、義時の四十三歳、泰時の四十二歳に比べればはるかに若いが、時宗の連署就任年齢は当時としては極端であり、完全な家格人事と言えよう。この時、時宗が執権ではなく連署に就任したのは、時頼の急逝を受けて北条氏家督たる時宗をなるべく早く公職に就け、その地位を安定させる必要があったことと、そのあまりの若さを考慮しての折衷案であったと考えられる。

二年後の文永三年三月、引付方が廃止され、「重事は直に聴断し、細事は問注所に付せらる」（『関東評定伝』同年条）との決定がなされる。この記事には主語がないため、誰が「重事は直に聴断」するのかわからないのであるが、その後の状況からすれば、将軍宗尊ではありえず、形式的には十六歳の連署時宗が「重事は直に聴断」の主体として位置付けられたと判断される。

そして六月二十日、時宗邸に連署時宗・執権北条政村（まさむら）・金沢（かねさわ）（北条）実時（さねとき）・安達泰盛（あだちやすもり）（時宗の妻の兄で養父）が集合して「深秘御沙汰（しんぴのごさた）」（秘密会議。後の寄合）がおこなわれた。七月四日、二十五歳の宗尊は在職十四年に及んだ将軍を解任されて上洛の途につき、二十四日宗尊の子惟康（これやす）王がわずか三歳で将軍となる。

電撃的な将軍交代劇であったが、深秘御沙汰の翌日以来、鎌倉では騒動が続き、近国の御家人が集結して、騒然とした状況下にあった。宗尊が上洛の途についた四日には、北条氏一門の名越教時(のりとき)が軍兵数十騎を率いて示威行動をおこない、時宗の制止を受けて撤退する一幕もあって、軍事衝突の可能性もあったことがうかがわれる。

この事件は、時頼期に存在した時頼側と宗尊側の微妙なバランスが、当の時頼の卒去によって崩れた結果であったと考えられる。この事態に時宗側は危機感を抱き、若い時宗への権力集中を急いだ末に、宗尊追放という荒療治に出たものであろう。

名越教時が示威行動をおこなったことでもわかるように、宗尊側はある程度の軍事力をも備えた政治勢力を形成していた。宗尊が将軍職にあり続ける限り、宝治合戦以前と比べればはるかに縮小していたとはいえ、将軍の勢力は執権の対抗勢力としてあり続けるのであり、時宗側は宗尊の除去を決断し実行したのである。

新将軍惟康はわずか三歳であり、宗尊解任は将軍権力の事実上の消滅を意味した。そしてこれ以降、鎌倉将軍が政治権力を行使することは二度となかった。宗尊は将軍権力を行使した最後の鎌倉将軍となったのである。

かくて、時宗への権力集中という路線が確定する。時頼は生前に時宗を自己の嫡子として、いずれ北条氏家督となり執権職に就く存在として、ことあるごとにアピールを繰り返していたが、宗尊上洛により、時宗の将来は約束されたのである。

執権政村ら当時の幕府中枢は、後は時宗の成長に従い、時宗の地位を固めるだけであると安堵したかもしれない。しかし、宗尊上洛のわずか一年半後、誰も予想もしていなかった事態が突如訪れる。

文永五年閏正月八日、蒙古の国書が鎌倉に届けられるのである。

想像を絶する大敵の突然の出現に、鎌倉幕府はいち早く対応し、二月二十七日、蒙古襲来への警戒を管国御家人に伝えるよう西国守護に指令を発している。

そして三月五日、時宗は政村と役職を交替し、執権に就任する。時宗、時に十八歳。十八歳は当時としては成人であるが、それでもまだ若いことは言うまでもなく、幕府中枢は時宗の成長をもう少し待つつもりであったのかもしれない。だが、蒙古の出現により、時宗は執権となったのであった。

文永九年（一二七二）二月十一日、鎌倉において一番引付頭人名越時章（ときあき）と、その弟で宗尊上洛に際し示威行動をおこなった過去を持つ評定衆名越教時を武装部隊が襲撃した。合戦の末に、時章は自刃、教時は子息たちとともに討たれた。続いて四日後の十五日暁、京都に鎌倉からの早馬が到着した直後、六波羅北方探題赤橋義宗（よしむね）の手勢が時宗の異母兄である南方探題北条時輔（ときすけ）を襲い、時輔も討たれた。

「二月騒動」と呼ばれるこの事件によって、二十二歳の時宗は潜在的敵対勢力を一掃し、鎌倉幕府の全権を掌握した。

　それまでの時宗の権威と権力は、父時頼をはじめとする周囲によって演出され育成されてきたものであった。時宗は二月騒動によって、他者から与えられた権威と権力をみずから確立したのである。

　以後、時宗は三十四歳での卒去の日まで鎌倉幕府の独裁者としてあり続ける。時宗は、御家人の主人である将軍固有の権限であり本来他者に譲りえないはずの御恩（ごおん）沙汰（さた）（将軍が御家人に御恩として所領を給与する行為）や官途沙汰（かんとのさた）（将軍が御家人の官職・官位を王朝に推薦する行為）をも掌握し、人事権をはじめとする幕府の全権力は時宗という個人に集中したのである。

　将軍を戴きながら、時宗は将軍権力を事実上行使したのである。時宗は卒去当日まで執権職にあったが、将軍固有であるはずの権力まで行使するようになった時宗は、執権の職権を越えた存在になったと言うことができる。それは「将軍権力代行者」の地位と言ってよい。義時に贈られた禅宗系の追号「徳宗（とくそう）」を起源とする北条氏家督の称号「得宗」で表現される後期鎌倉幕府における北条氏家督の地位の実態は、時宗が手にした将軍権力代行者の地位であったと言うことができる。

時宗は自身が将軍権力の完全な代行者となることにより、将軍を制度的に棚上げすることに成功したのであった。

二月騒動より時宗卒去にいたる十二年間こそ、真の意味での「得宗専制政治」、すなわち得宗独裁政治の時代と言うことができる。

時宗は源頼朝と並ぶ鎌倉幕府の独裁者となったのであるが、頼朝の独裁は頼朝個人のカリスマ性と力量に大きく依存したものであり、独裁を支える制度・機構は未成熟なものであった。これに対し、時宗の独裁は評定―引付方を機軸とする整備された幕府の制度・機構の上に乗ったものであった。

このような時宗の下で新たに置かれた機関が寄合である。寄合は時宗の伯父経時の晩年に北条氏惣領家（得宗家）の私的会議として「深秘御沙汰」の名で史料上に現れ（『吾妻鏡』寛元四年三月二十三日条）、時頼期には幕府の重要政務を議題とするようになったが、この段階では北条氏家督の主催する私的会議、非制度的機関であった。

これに対し、北条政村・金沢実時らの北条氏一門、時宗外戚（妻の兄で養父）安達泰盛、太田康有（問注所執事）・佐藤業連らの文士、そして、平頼綱・諏訪盛経ら御内人といった極少数のメンバーで構成された時宗期の寄合は、独裁者時宗の政務を円滑ならしめるための個人的な諮問機関であった。

時宗政権における最重要政策は、本所一円地住人（非御家人）の軍事動員の決定である。これにより、鎌倉将軍と主従関係を有さず鎌倉幕府の支配の外にあった非御家人に確たる根拠のないまま幕府の支配が及ぶこととなった。対蒙古防衛という非常時における緊急対応の形でなし崩しに決定された政策であったが、異国警固が恒常化するにしたがい、既存の御家人との関係などがあいまいなまま、本所一円地住人は幕府の支配に組み入れられたのである。

時宗政権は、対蒙古政策以外にも、前代までに蓄積された諸問題に対応していった。再審専門機関として越訴方が設置され、その長官として金沢実時・安達泰盛が任命されたのは文永元年十月である。六波羅探題の機構整備・拡充は時頼末期の弘長三年六月から着手され、時宗期を通じて進行する。畿内近国での悪党の跳梁に対しては時頼期から鎮圧令が出されていたが、これが本格化するのも時宗期である。

時宗政権は、時宗という個人を政治制度の頂点に位置付けるというシステム化した個人独裁制を築き、これによって蒙古襲来といよいよ顕在化した国内の諸問題に対応しようとした。そして、それは時宗在世中は何とか成功したと言えよう。

しかし、このような個人独裁制は、いかにシステムが整備されようとも、独裁者自身の気力を含めた能力に負うところが大きいことは言うまでもない。弘安七年（一二八四）四月四日の時宗の急逝は、文字どおり鎌倉幕府の危機であった。鎌倉幕府は、個人独裁に代わる体制を早急に築かなければならなくなったのである。

弘安七年七月、時宗卒去のわずか四ヵ月後（弘安七年には閏四月がある）、時宗の嫡子貞時が十四歳で執権に就任した。

前述のごとく時宗も十四歳で副執権である連署に就任しているが、執権になったのは十八歳であり、貞時が十四歳でいきなり執権となっていることは、見逃されてはなるまい。実務能力の期待できない少年を執権としたことには、とにかく形式だけでも整えようという当時の幕府中枢の危機感を読み取ることができる。

しかし、当時の貞時に時宗のような政治力を期待できないことは自明である。鎌倉幕府は、時宗に代わる最高意志決定者または最高意志決定機関を必要としたのである。

時宗に代わって鎌倉幕府の最高意志決定機関となったのは、時宗の個人的諮問機関であった寄合である。時宗没の五年後、貞時十九歳の正応二年（一二八九）五月、北条時村

（政村の嫡子）が「寄合衆（よりあいしゅう）」に補任（ぶにん）（任命）されており、寄合は個人的諮問機関から鎌倉幕府の公的機関となっていたことが確認されるのである。

時頼以前の北条氏家督の私的会議、時宗独裁期の私的諮問機関を経て、寄合は鎌倉幕府の公的機関、しかも最高議決機関となった。寄合は、評定会議の上位機関として幕府職制上に公的に位置付けられ、執権政治期の評定会議に替わって最高議決機関となったのである。ここに鎌倉幕府の制度と役職が完成した。

制度は、寄合―評定―引付方

役職は、寄合衆（執権・連署を含む）―引付頭人―評定衆―引付衆―奉行人

である。

鎌倉幕府は時宗没後、四十九年存続する。

カリスマ去って後の最後の半世紀を、鎌倉幕府はその穴を合議制で埋める形で歩み出したのであった。

特権的支配層の成立

中央集権と特権的支配層

中央集権的構造

いわゆる得宗専制期（時宗期以降）には幕府権力が得宗に集中し、得宗による専制政治がおこなわれたと解説されることが多い。だが、初期の政治体制が将軍独裁とされていることからもわかるように、鎌倉幕府は元来、中央集権的性格の強い政権であった。地方分権がほとんどおこなわれず、権限の多くが幕府中枢に集中していた。

これを最もよく示すのは、幕府（鎌倉中枢）と西国統治機関である六波羅探題との関係である。承久三年（一二二一）、承久の乱後に西国占領機関として成立した六波羅探題は、幕府の執権・連署に相当する北方探題・南方探題を長官として、鎌倉後期には幕府中枢と同様の探題―引付頭人―評定衆―引付衆―奉行人という職制を備え、訴訟機関・統治機関として整備されるが、にもかかわらず滅亡にいたるまで確定判決権、つまり独自に訴訟を裁許する（判決を下す）権限を与えられなかったことは、よく知られている。六波羅探題は訴訟の審理のみをおこない、判決はあくまでも幕府中枢で下されたのである。

人事面では、北方・南方両探題は北条氏から選出されて鎌倉から派遣され、一定期間を過ぎると帰還する存在であり、しかも探題の在任期間は時代を下るほど短期となり、頻繁に交替されるようになった。さらに六波羅評定衆をはじめとする探題府職員は幕府によって任命されており、南北両探題には権力掌握の根幹である人事権すら与えられていなかった。

また、国ごとに置かれた守護の管国御家人に対する権限は、鎌倉時代を通じて「大犯三箇条」として知られる大番催促および謀反人・殺害人の追捕に限定されていた。

つまり、鎌倉幕府は所領の安堵・給付や訴訟の裁決権、王朝官位・官職の叙位・任官への推挙などを通じて、基本的に御家人を直接支配しようとしたのである。

例外は、対蒙古防衛の最前線である鎮西（九州）を統治するために永仁元年（一二九三）に設置された鎮西探題で、確定判決権を与えられたが、これとて長官たる探題は幕府からの派遣であり、引付頭人以下の職員の人事権も幕府中枢が握っていた。

このような鎌倉幕府の中央集権的性格は、室町幕府と比較すると鮮明である。本所領荘園年貢（後には土地そのもの）の半分の処分権を守護に認めた半済令（はんぜいれい）に顕著なごとく、室町幕府が守護に管国に対する広範な支配権を与えたことはよく知られている。室町幕府の守護は幕府から委任された権限を梃子（てこ）として、管国武士を従者化したのであり、これがすなわち守護大名である。また、関東を鎌倉府に、九州を九州探題（鎮西管領（かんれい））に、東北を奥州探題と羽州探題に、というように地方支配機関にはほとんど自治と言ってよい権限を与えていた。このような地方分権的・間接統治的な室町幕府の体制と比較すれば、鎌倉幕府の中央集権的な性格が明瞭に理解されよう。

家格秩序と「特権的支配層」の形成

幕府開創以来、鎌倉幕府中枢では権力闘争が繰り返され、その勝利者たちは御家人のニーズに応えるため政治・訴訟制度の整備に努めてきた。ところが、この過程は副産物を生じる。幕府中枢の役職を基準とする鎌倉幕府独自の家格秩序の成立と「特権的支配層」という階層の誕生である。

寄合衆（よりあいしゅう）（執権・連署を含む）—引付頭人—評定衆—引付衆—奉行人は、鎌倉幕府の政治および訴訟制度上の役職であり、その上下関係は、あくまでも職制上のものであって、就任者相互の関係、また就任者と他の御家人との関係は、御家人として「鎌倉殿の前で平等」であったはずである。ところが、実態としては、寄合衆から引付衆までの幕府中央要職が特定の家系によって世襲・独占されることとなり、しかもこれらの役職が、それに就任する人々の幕府における地位（身分と言ってもよい）の上下を示すようになったのである。つまり、御家人は、まず幕府中央要職に就任できる家とできない家に分かれ、要職に就任する家の中に、寄合衆までいたる家格「寄合衆家」と引付頭人を最高職とする家格「評定衆家」が生まれたのである（奉行人層は支配層の下部に独自の階層を形成した）。

同様の事態は、得宗の家政機関である得宗家公文所にも発生する。得宗の私的従者は「御内人」（御家人でもある）と呼ばれるが、御内人の中でも得宗家公文所の要職が特定の家系によって世襲・独占されるようになり、要職に就任する家々では、幕府の寄合衆に列する長崎・諏訪・尾藤の三家が特に高い家格を有することとなる。長崎・諏訪・尾藤三家は得宗家公文所長官の職である執事（得宗家公文所執事）を出す家格「執事家」であり、彼らは同時に寄合衆家でもあった。執事を補佐する公文所高官を出すのが「執事補佐家」であり、幕府の評定衆家にあたるが、長崎・諏訪・尾藤の傍流と工藤・安東氏などがこの家格であった。

幕府と得宗家公文所は本来、まったく別個の組織であったが、得宗家公文所上級職員である長崎・諏訪・尾藤氏が寄合衆となっていることでもわかるとおり、鎌倉後期には人的な交流が顕著で、実態としては分かち難く融合していた。

かくて、得宗家公文所と一体化した後期鎌倉幕府の構成員（御家人・御内人）は、幕府および得宗家公文所の役職を基準とするピラミッド型の独自の家格秩序を形成した。権限の集中していた幕府中枢の役職が特定の家系によって独占されたことは、鎌倉幕府そのものが特定の家系によって支配されたことを意味する。すなわち、鎌倉幕府の「特権的支配層」の誕生である。

もう一度整理すると、特権的支配層は、寄合衆にまで昇る家系「寄合衆家」と引付頭人を最高職とする家系「評定衆家」に分かれる。御内人の場合は、長崎・諏訪・尾藤の三家が寄合衆家（得宗家公文所執事を出す「執事家」）であり、この三家の下にあるのが三家の傍流と安東氏・工藤氏などの「執事補佐家」であり、幕府の「評定衆家」に相当する。

たとえば、鎌倉後期には千人単位で存在したとも推定されている北条氏でも、単に北条氏というだけでは幕府要職に就任することはできなかったのであり、寄合衆家・評定衆家に生まれた者のみが要職に就任し、支配層の一員となることができたのである。

後期鎌倉幕府では、御家人・御内人は支配する側と支配される側に分裂した。寄合衆家・評定衆家（＋執事補佐家）からなる特権的支配層は、後期鎌倉幕府の支配者であった。彼らは同輩であるはずの一般の御家人・御内人に対し、事実上、支配者として臨み、一般御家人の中には御家人身分を保持したまま特権的支配層の従者となる者も現れる。得宗家における御内人は、この代表である。かくて「鎌倉殿の前での平等」という御家人制の原則は完全に建前と化す。

以上のような現象は、旧ソ連に代表されるかつての旧現存社会主義国家が「社会主義」「プロレタリアート独裁」を標榜しながら、その内部に「ノーメンクラツーラ」「赤い貴族」などと称される国家および党官僚からなる支配階級を生み出したこととときわめてよく似ている。世襲によって政権の中央要職を独占するという性格、つまり「世襲官僚」という性格は、王朝貴族とまったく同質のものであり、このような鎌倉幕府の特権的支配層は、「王朝貴族」に対し、「武士の貴族」「鎌倉武家貴族」とでも呼ぶべき存在であった。

特権的支配層の家々

評定衆・引付衆には北条氏とともに文士・武士の多くの家から就任者があった。しかし、幕府の内部抗争により滅亡・没落した家があり、六波羅探題職員に転じた家があり、奉行人に落ちた家があり、一・二代で就任者を出さなくなった家もあった。その一方で、新たに取り立てられる家もあった。結局、北条・長井・摂津・二階堂・三善・清原・安達（分家の大曾禰氏を含む）・佐々木・宇都宮・後藤のわずか十氏族の出身者が世襲的に評定衆・引付衆就任者を出す家格となった。また、得宗家公文所においては長崎・諏訪・尾藤・工藤・安東などの諸氏が上級職員を世襲的に輩出した。彼らが鎌倉幕府の「特権的支配層」である。

では、特権的支配層の家々を紹介しよう。便宜、全体を北条氏と非北条氏に分け、非北条氏を文士と武士に、さらに武士を外様（御内人ではない御家人）と御内人に分類して解説する。煩雑になるが、一般的には馴染みの薄い家が多いので、始祖から記すことにする（巻末の参考系図を参照）。

北条氏

源頼朝の妻政子の実家である北条氏は、政子の父時政一人から始まったと言い得るが、鎌倉時代を通じてネズミ算を思わせる繁衍を遂げる。時政の子の世代で義時流と時房流に分かれ、義時流は義時の子の代で泰時（得宗家）・朝時（名越家）・重時（極楽寺家）・政村（政村流北条家）・有時（伊具家）・実泰（金沢家）の六流に、時房流は時房の子の代で時盛（佐介家）・時村（時村流北条家）・朝直（大仏家）流などに分かれ、これらがおのおのさらなる分流を遂げる。かくて鎌倉後期には北条氏一門は数千人（最低千人以上）に達していたとも推定されている。その中で、幕府要職に世襲的に就任者を出したのは次の家々である。

〔得宗家〕

時政・義時・泰時・時氏・経時・時頼・時宗・貞時・高時の八世代九人がいわゆる「北条九代」であり、彼らが鎌倉北条氏の当主「得宗（徳崇）」である。義時の跡を受けた泰時の系統が得宗家であり、このうち高時にいたる時宗系が北条氏の嫡流、そして、特権的支配層の頂点にある最高家格である。

他に、時宗の同母弟である宗政系が寄合衆家の中でも時宗系に次ぐ家格であった。

〔名越家〕

泰時の異母弟朝時の系統が名越家であり、鎌倉中期までは得宗家に匹敵する高い家格を有していた。しかし、たびたび得宗家に対抗し、これがために弾圧されて弱体化し、結局、時章系が寄合衆家、時基系が評定衆家となった。

〔極楽寺流諸家〕

朝時の同母弟重時の極楽寺流では、長時系の赤橋家が嫡流で寄合衆家、時茂系の常葉家と義政系の塩田家が評定衆家、業時系の普音（恩）寺家が寄合衆家となった。特に赤橋家は得宗家傍流とともに引付衆を経ずに評定衆に直任することを家例とし、その家格は非常に高かった。

〔政村流諸家〕

義時の四男政村の系統も良く繁栄したが、寄合衆家となった時村系と評定衆家となった政長系の二家が幕府中枢に地位を保った。

〔伊具家〕

義時の五男有時の伊具家は振るわず、斎時系のみが評定衆家となった。

〔金沢家〕

義時の六男実泰の金沢家は顕時系が寄合衆家となり、顕時系の分家甘縄家（顕実系）が評定衆家となった。

〔時房流諸家〕

義時の弟時房の系統は多くの分流を果たしたが、嫡流は朝直系の大仏家である。この大仏家の宗宣系のみが時房流では寄合衆家となった。大仏家の分家である宗泰系・貞房系・貞員系、朝直の兄時盛系である佐介家の時員系・政氏系、朝直のいま一人の兄時村の系統が評定衆家となった。

以上のように北条氏では、寄合衆家八家・評定衆家十二家、計二十家が特権的支配層に入った。北条氏系寄合衆家は、執権・連署・寄合衆にいたる家柄である。

文士系

文士は前述のごとく文筆能力によって源頼朝に仕えた王朝の下級官人出身者とその子孫を中心とする人々であり、御家人ではあるが、もともと武士ではない。「幕府の職制」の章で述べたように、武士系の御家人は頼朝に仕えた者とその子孫に限定されたが、文士はこの点でも異なり、泰時政権期まで幕府に参入する者があった。幕府では、同じ御家人ではあっても武士と文士は区別されていたが、実態としては文士は時代が下るにしたがい武士化し、郎従を従え軍事行動をもおこなうようになり、やがて吏僚系の武士となる。

わかりやすい例としては、大江広元の子で宝治合戦で滅亡した毛利季光の子孫毛利氏が挙げられる。季光は広元の子であるから明らかに文士であるが、宝治合戦では三浦方の有力武将として活動しており、合戦で生き残った子孫は安芸に土着した。その子孫が戦国大名毛利氏である。

本書では、便宜上、武士と文士を区分するが、文士は広義には武士の一種となったのである。

〔長井氏〕

長井氏は源頼朝の側近で初代政所別当として著名な大江広元の子孫である広元流大江氏の嫡流である。広元は、王朝の下級官人である明経道中原氏の庶流貞親流の出身であるが、異母兄親能が源頼朝の流人時代からの知音であったことから、兄とともに源平合戦期に頼朝に仕え、後に実朝の推挙を受けて母方の大江に氏を改めた。広元の子孫からは、長井氏の他に毛利・上田・那波・海東・水谷などの家が分立し幕府要職就任者を出したが、いずれも幕府中枢からは中途で姿を消した。長井氏は広元の次男時広を家祖とし、時広の長男泰秀の系統が鎌倉評定衆を、次男泰重の系統が六波羅評定衆を世襲することとなり、おのおの関東評定衆家・六波羅評定衆家と呼ばれる。長井関東評定衆家は、泰秀の孫宗秀が寄合衆に列しており、寄合衆家に位置付けられる。

〔摂津氏〕

摂津氏の家祖中原師員は、大江広元の同族である。広元とその兄親能は、明経道中原氏貞親流の広季を父とするが、後に実朝の推挙を受けて広元は大江、親能は藤原と母方の氏にあらためた。師員は広季の兄忠順の孫である。したがって、貞親流中原氏は鎌倉初期から幕府と関係を有していたが、師員の祖父忠順・父師茂は幕府に仕えていなかった。師員にいたって泰時政権初期に鎌倉に下向し、初代評定衆筆頭となったのである。摂津氏は特権的支配層の中では清原氏とともに鎌倉幕府と関係したのが最も遅い一族なのである。

ところが、明らかな虚偽であるにもかかわらず、師員を藤原（中原）親能の子とする史料が存在する。そして師員の孫親致は、親能と同じ「親」の字を名に持つうえに、親能と同じく中原から藤原に氏をあらためているのである。これらは、摂津氏が頼朝の近臣であった親能の後継者を自認していた証左であろう。

摂津の苗字は師員が任官した摂津守から出ている。師員以来、評定衆を世襲し、将軍の側近である御所奉行にも世襲的に就任しており、その家格は寄合衆家である。

〔二階堂氏〕

二階堂氏の始祖藤原行政は藤原南家乙麿流の出身である。その母は尾張国熱田社大宮司藤原季範の妹である。源頼朝の母は、よく知られるように季範の娘であり、よって行政は頼朝の外祖父の妹の子である。この血縁関係によって源平合戦期に鎌倉に招かれ、頼朝の側近の一人となった。頼朝が鎌倉北東に建立した永福寺（通称、二階堂）の近隣に行政が屋敷を構えたことから、二階堂を苗字としたという。

行政の子の代で、信濃守行光の信濃流と隠岐守行村の隠岐流に分かれ、信濃流は行光の孫の代で行泰の筑前家、行綱の伊勢家、行忠の信濃家が、隠岐流は行村の子の代で基行の隠岐（懐島）家、行義の出羽家、行久の常陸家、行方の和泉家、惟行の白川家が成立した。この二流八家がさらに分流して、二階堂氏には五十流以上の家系が成立した。このうち最終的に幕府中央要職を世襲することになったのは、筑前家行佐系・伊勢家頼綱系・伊勢家盛綱系・伊勢家政雄系・信濃家行宗系・信濃家盛忠系・出羽家行有系・常陸家・和泉家の九家であり、信濃流信濃家行宗系と隠岐流出羽家行有系が寄合衆家、残る七家が評定衆家に分類される。よって、二階堂氏は北条氏より小規模であるが北条氏と同様に、寄合衆家・評定衆家とそれ以外という家格のピラミッドを氏族内部に成立させた。

〔三善氏〕

大江広元と並ぶ頼朝の側近で初代問注所執事となった三善康信は、頼朝の乳母の妹の子で、流人時代の頼朝に月に三度書状を送り京都情勢を伝えていた。

康信流三善氏は康信の子の代で行倫の矢野、康俊の町野、康連の太田の三家に分かれた。最初、町野氏が嫡流で問注所執事を世襲したが、康持が寛元四年（一二四六）宮騒動に連座して評定衆と執事を罷免されて失脚し、町野氏は後、六波羅評定衆に転じた。宮騒動以後は太田氏が問注所執事を鎌倉滅亡まで世襲し、太田氏と矢野氏が寄合衆家として幕府中枢に存続した。

〔清原氏〕

清原氏は、特権的支配層の中では摂津氏と並んで幕府との接触が最も遅い。明経道清原氏の庶流出身の教隆が泰時政権期に幕府に仕え、時頼政権期に引付衆となった。しかし、在職十年にして職を辞して帰洛し、京都に没した。だが、子孫は高時政権に仕えていることが確認され、評定衆家の家格であった。

武士系(1)—外様系

鎌倉中期以降、御家人でありながら得宗の従者となった御内人が幕政上に大きな地位を占めるようになると、御内人ではない御家人は外様と称されるようになった。

〔安達・大曾禰氏〕

源頼朝の流人時代二十年にわたり頼朝の衣食の世話を続けた頼朝の乳母比企尼の娘婿で、流人時代から頼朝に仕えていた小野田藤九郎盛長に始まるのが安達氏と大曾禰氏である。盛長の長男景盛の系統が安達氏、次男時長の系統が大曾禰氏を称した。

安達氏は景盛の娘松下禅尼が北条時氏に嫁して経時・時頼兄弟を生んで以降、時宗・貞時・高時の妻を出し、得宗外戚家となって、寄合衆家の家格を得た。大曾禰氏は評定衆家である。

弘安八年（一二八五）、霜月騒動で当主泰盛以下多くの一門が討たれ、安達・大曾禰氏は一時滅亡状態となるが、貞時政権末期に泰盛の弟顕盛の孫時顕が復権を果たし、時顕の娘は北条高時の正妻となり、安達氏嫡流は寄合衆家として再興された。安達氏庶流時盛系・重景系と大曾禰氏も評定衆家として復活した。

〔佐々木氏〕

近江国蒲生郡佐々木荘を本貫地（本領、苗字の地）とする佐々木氏の始祖秀義は源為義・義朝父子に仕え、義朝に従って平治元年（一一五九）の平治の乱に戦ったが、義朝の敗死により佐々木荘を追われ、以後、義朝の子頼朝挙兵までの二十年間、一家で相模の渋谷重国の食客となっていた。秀義の子である定綱・経高・盛綱・高綱の佐々木四兄弟は流人時代から頼朝に仕え、頼朝挙兵にも加わった。よって佐々木兄弟は五男義清を含め頼朝股肱の臣であり、いずれの子孫もよく繁栄した。特権的支配層に加わったのは、定綱の孫氏信に始まる京極氏と義清の子泰清に始まる隠岐氏で、ともに評定衆家に列した。

〔宇都宮氏〕

宇都宮氏は下野国一宮二荒山神社の神主家であり、平安時代以来の同国有数の豪族領主である。源頼朝の乳母寒河尼の兄弟朝綱が源平合戦期に頼朝に仕えた。朝綱の曾孫泰綱の娘が北条経時に嫁ぎ、一度は得宗外戚となっている。泰綱以来、評定衆・引付衆を世襲し、評定衆家に位置付けられる。豪族領主の性格を有したまま特権的支配層に列したのは、この宇都宮氏のみである。

〔後藤氏〕

後藤氏は、清和源氏・桓武平氏と並ぶ武門の棟梁の家である秀郷流藤原氏の一流であり、先祖は衛門尉・兵衛尉・白河院北面などとなって京都で活動していた（『尊卑分脈』）。いわゆる京武者であり、平安期の武家社会では名門である。源頼朝の義兄（姉の夫）である王朝貴族一条能保の侍であった基清（『吾妻鏡』文治元年五月十七日条）が頼朝の従者に移籍し、御家人に列した。基清は承久の乱で京方に属して処刑されたが、その子基綱は初代評定衆の一人となり、また四代将軍藤原（九条）頼経の近臣となった。だが、頼経と執権時頼の対立に起因する寛元宮騒動に連座して失脚、評定衆を罷免された。後に引付衆として復権し、子息基政も引付衆となったものの、基政が六波羅評定衆に転じてから、後藤氏は六波羅に拠点を移した。しかし、鎌倉末期に信濃入道某（信濃前司某）が評定衆・御所奉行に就任して、幕府中枢に返り咲いた。

武士系(2)—御内人系

御内人とは、御家人でありながら得宗の従者となった人々のことである。現代の感覚では奇妙にも感じられるが、得宗と御内人に限らず、鎌倉幕府では有力御家人が他の御家人を私的従者とすることがあったのである。また、これも今日的には不思議な感じがするが、御内人になったからとて、御家人の身分に変化はなかった。

〔長崎氏〕

永仁元年（一二九三）四月の平禅門の乱までの嫡流は平氏、傍流は長崎氏を称したので、「平・長崎氏」とも呼ばれる。

私は、以前は長崎氏を伊豆時代からの北条氏郎従「主達」出身と推定していたが、長崎氏が御家人であったことは明らかであり、主人が健在のままでその郎従が御家人に取り立てられた事例は史料上ほとんど確認できないので、この説は破綻していると言わざるをえない。北条氏の苗字の地伊豆国田方郡北条の近隣に長崎の地があるので、現在、私は長崎氏の出自を時政以前に分かれた北条氏の庶家、つまり北条氏の家子ではなかったかと考えている。

系譜についても諸説あるが、私は巻末の参考系図に掲載したように推定している。なお、高時政権最高実力者となった長崎左衛門入道円喜の俗名は系図類では「高綱」とされているが、徳治二年（一三〇七）七月十二日付「鳥ノ餅ノ日記」（『小笠原礼書』第十七冊、国立公文書館所蔵）に「長崎左衛門尉盛宗」とあることから、円喜の俗名は「盛宗」であることが確認された。

始祖平盛綱は、義時から時頼にいたる得宗に仕え、泰時期には得宗家家令尾藤景綱の下で得宗家の文書発給の責任者となり、景綱の後任として文書発給権を有したまま得宗家家令に就任した。盛綱のこの地位が得宗家公文所執事の始まりである。また、盛綱は幕府侍所所司ともなった。

以来、長崎氏は諏訪氏・尾藤氏などとともに得宗家公文所執事・幕府侍所所司となり、寄合衆にも世襲的に就任する家となった。

盛綱の孫頼綱は弘安八年（一二八五）十一月の霜月騒動で政敵安達泰盛を倒して以後、永仁元年四月の平禅門の乱で主人貞時に討たれるまで、七年半にわたって幕府の専制権力者となった最も有名な御内人の一人である。平禅門の乱後は、傍流であった長崎氏が嫡流を継ぎ、高時政権では長崎円喜が安達時顕とともに幕府最高実力者となった。家格は嫡流が寄合衆家であり、傍流は執事補佐家である。

長崎氏を平重盛の子資盛の子孫とする史料が存在する。私は虚説と考えるが、この平資盛後胤説によって、長崎氏は逆説的にではあるが源頼朝の時代と繋がりを持っていることになる。

〔諏訪氏〕

諏訪氏は古代以来の信濃の豪族領主であり、諏訪大社の大祝家である。嫡流が長崎氏・尾藤氏とともに寄合衆家に列した諏訪御内人家は、大祝家の分家と推定される。傍流は執事補佐家である。

諏訪御内人家の系譜を私は巻末の参考系図のように推定している。なお、高時政権期の諏訪左衛門入道直性の俗名は、長崎氏のところで紹介した徳治二年七月十二日付「鳥ノ餅ノ日記」に「諏訪左衛門尉宗秀」とあり、「宗秀」であることが確認された。

〔尾藤氏〕

尾藤氏は、秀郷流藤原氏の一流で後藤氏の同族である。平安期には後藤氏同様、京武者として活動しており、武士としては名門に属す。知昌・知忠の二代にわたり尾張守に任官し、これにより尾藤（尾張守の藤原氏）を苗字としたらしい。知忠は内裏で怪鳥を射て賞を蒙ったと伝えられる（『尊卑分脈』）。源平合戦期、知忠の孫（知広の子）知宣は最初、木曾義仲に従っていたが、義仲滅亡後に源頼朝より先祖藤原秀郷以来相伝の所領である信濃国中野御牧と紀伊国田中荘・池田荘の三ヵ所に対する安堵の下文を賜り、御家人に列した。知宣の甥（弟知景の子）景綱は、北条泰時の後見役として泰時が設置した初代の得宗家家令に就任した。景綱は泰時の次男時実の乳母夫でもある。嫡流は長崎氏・諏訪氏と並び御内人出身で寄合衆家に列した。傍流は執事補佐家である。

〔工藤氏〕

工藤氏は藤原南家乙麿流であり、二階堂氏や伊豆の豪族伊東氏の同族である。曾我兄弟の仇討ちの仇役工藤祐経も同族であるが、御内人工藤氏は甲斐の御家人であった。時頼期に小侍所別当（長官）を務めていた時宗の下で小侍所所司（次官）となった工藤光泰、貞時期に得宗家公文所執事となった工藤杲暁が代表的存在であり、家格は執事補佐家である。

〔安東氏〕

駿河国安倍郡北安東荘を本貫地（本領、苗字の地）とする安東氏は、忠家が北条義時の従者として活動しており、以来、御内人の有力な家となった。家格は執事補佐家である。なお、同じ御内人ではあるが、前九年の役で討たれた陸奥の奥六郡俘囚主安倍氏の子孫を名乗る津軽安藤（安東）氏とはまったくの別族であり、津軽安藤氏と区別して平姓安東氏とも呼ばれる。

支配層の整理

もう一度、特権的支配層の家々を整理すると、次のようになる。

［寄合衆家］

〈北条氏系〉（八家）

得宗家時宗系（北条氏嫡流）・得宗家宗政系・名越家時章系・赤橋家・普音寺家・政村流北条家時村系・金沢家顕時系・大仏家宗宣系

〈文士系〉（六家）

長井氏関東評定衆家・摂津氏・二階堂氏信濃流信濃家行宗系・二階堂氏隠岐流出羽家行有系・太田氏・矢野氏

〈武士系（1）―外様系〉（一家）

安達氏顕盛系

〈武士系（2）―御内人系〉（三家）

長崎氏・諏訪氏・尾藤氏各嫡流

合計十八家

〔評定衆家〕

〈北条氏系〉（十二家）

名越家時基系・常葉家・塩田家・政村流北条家政長系・伊具家・甘縄家・佐介家時員系・佐介家政氏系・時房流北条家時村系・大仏家宗泰系・大仏家貞房系・大仏家貞員系

〈文士系〉（八家）

二階堂氏信濃流筑前家行佐系・二階堂氏信濃流伊勢家頼綱系・二階堂氏信濃流伊勢家盛綱系・二階堂氏信濃流伊勢家政雄系・二階堂氏信濃流信濃家盛忠系・二階堂氏隠岐流常陸家・二階堂氏隠岐流和泉家・教隆流清原氏

〈武士系（1）─外様系〉（七家）

安達氏時盛系・安達氏重景系・大曾禰氏・佐々木京極氏・佐々木隠岐氏・宇都宮氏・後藤氏

〈武士系（2）─御内人系〉（家数不明。五家以上）

長崎氏傍流・諏訪氏傍流・尾藤氏傍流・安東氏・工藤氏など

合計三十二家以上

このほぼ五十から六十家程度の家々が後期鎌倉幕府の特権的支配層である。北条氏系は寄合衆家八家・評定衆家十二家、合計二十家で最大勢力であるが、全体の半数には及ばない。執権・連署などを独占した北条氏が優位にあることは事実であるが、よくイメージされるように、鎌倉幕府中枢が北条氏によって占拠されてしまったということではないのである。

では、特権的支配層は、どのような性格を有していたのであろうか。

まず、彼らの大半は都市鎌倉以外に拠点と言うべき地を持っていなかった。北条氏は伊豆国田方郡北条を苗字の地とする比較的小規模な武士出身であり、文士は下級官人出身である。彼らは、鎌倉幕府成立以前には在地に多くの所領を持っておらず、幕府高官たることによって、はじめて所領を獲得・経営・維持できる存在であった。武士出身の外様御家人系でも、安達・大曾禰氏と佐々木氏は、幕府成立以前は、北条氏同様の小領主か、浪人であった。後藤氏は武士出身であるものの、性格的には文士に近い。御内人系でも長崎・安東・工藤の各氏は小領主出身であり、諏訪氏・尾藤氏は大族出身であるものの、鎌倉後期には都市住民化していた。すると、豪族領主のまま、特権的支配層に加わったのは、わずかに宇都宮氏一家のみなのである。

このように本来、武士としては大族とは言い難かった出自の者が大半を占める特権的支配層は、鎌倉初期以来の幕府中枢における権力闘争の勝利者であり、世襲によって幕府中枢の要職をほぼ独占することによって、鎌倉幕府の支配者となったのである。

では、次に特権的支配層の経済的性格について、具体的に考えてみよう。

特権的支配層の財力と所領経営

財力と所領

所領を失った「無足御家人」の救済が幕府の政治課題となり、守護級豪族を含めた御家人一般が経済的に逼迫しつつあった鎌倉後期、特権的支配層は富裕な経済力を誇っていた。

たとえば、北条高時の外戚（妻の父）であり長崎円喜とともに高時政権最高実力者であった安達時顕は、元亨三年（一三二三）十月の北条貞時十三年忌供養に際して、一品経調進に銭三十貫、進物に砂金百両・銀剣一腰を支出し、翌元亨四年にはやはり金百両程度であったと考えられる一切経を元より輸入し奈良法華寺に施入している。

銭一枚が一文、千文が一貫（貫文）である。銭と金の換算比率はよくわからず、まして銭一文が現在のいくらに相当するかは非常にむずかしいが、無理を承知で銭三貫文（三千文）＝金一両、一文を百円と仮定してみよう。すると、時顕は一品経調進に三万文（三百万円）、進物に三十万文（三千万円）と銀剣一腰、翌年の一切経輸入にも三十万文程度を投じたことになる。

　ちなみに、正応五年（一二九二）十二月十八日付「加治木頼平在鎌倉用途結解注文」（『東寺百合文書』）によれば、東寺領弓削島荘（伊予国）の雑掌（ざっしょう）加治木頼平（かじきよりひら）が一年間鎌倉に滞在した費用は六十貫九百文（六万九百文＝六百九万円）であった。一人が一年滞在するのに六百万円以上かかるというのは、都市鎌倉の物価の高さを示すものであるが、時顕は頼平の年間滞在費のほぼ五倍の金額を二年連続して支出しており、その富裕ぶりが理解されよう。

　『北条貞時十三年忌供養記』（『円覚寺文書』）によって、時顕以外の主な特権的支配層の支出額を見てみると、時顕と並ぶ幕府最高実力者長崎円喜が時顕とほぼ同額の一品経調進に銭三十貫、進物に銭三百貫（三十万文＝三千万円）と馬一頭。円喜の子息長崎高資（たかすけ）は砂金五十両（十五万文＝千五百万円）に太刀一腰・馬一頭。

　北条氏では、名越高家（なごえたかいえ）が砂金五十両・馬一頭、赤橋守時（あかはしもりとき）が銭二百貫文、普音寺基時（ふおんじもととき）が銭

百貫・砂金五十両・銀剣一腰、金沢貞顕が銭百貫・銀剣一腰・馬一頭、大仏維貞が銭二百貫文、佐介政忠が砂金五十両・銀剣一腰、など。

文士では、長井宗秀が銭二百貫文、摂津親鑒が砂金五十両・銀剣一腰・馬一頭、太田時連が砂金五十両・銀剣一腰、など。

外様では、佐々木隠岐清高が砂金百両・銀剣一腰、など。

御内人では、諏訪直性が銭百貫、尾藤演心が砂金五十両・銀剣一腰・馬一頭、工藤貞祐が砂金五十両・銀剣一腰・馬一頭、工藤右近将監が砂金三十両・銀剣一腰・馬一頭、安東四郎右衛門入道が銭三十貫、など。

もちろん特権的支配層でも少額の支出しかしていない者もいるし、守護級豪族層では足利貞氏・吉良貞家（足利の庶家）・大友貞宗・少弐貞経・小笠原貞宗・小山宗朝・小山貞朝・三浦時継・結城宗広など右記の特権的支配層と同等の支出をしている者も多い。しかし、特権的支配層の財力の大なることは理解されるであろう。

また、鎌倉時代に都市鎌倉で修された冥道供という山門（延暦寺）系の修法の記録である『関東冥道供現行記』（『門葉記』所収）によると、弘安年間（一二七八〜八八）以降の鎌倉後期における都市鎌倉での冥道供の供料は、ほぼ一万疋である。一疋は銭十文であるから、一万疋は十万文（一千万円）である。

『関東冥道供現行記』に記された弘安以降の冥道供の依頼者は、時宗・貞時・高時の得宗三代、北条氏では得宗家傍流の北条宗政・師時父子、赤橋久時、政村流北条煕時。外様では安達時顕・高景父子、宇都宮景綱・貞綱父子。御内人では平頼綱・宗綱父子、諏訪直性、尾藤演心。以上は、全員、特権的支配層の人々である。特権的支配層以外でも、久明親王・守邦親王の将軍父子、足利貞氏らが依頼しているが、やはり特権的支配層の富裕ぶりがわかる。

守護級豪族は北条貞時十三年忌供養でも冥道供依頼でも特権的支配層と同等の金額を拠出しており、その財力は特権的支配層に比肩するものであった。しかし、守護級豪族を代表する千葉氏・足利氏などは鎌倉中・後期には支出の圧迫による財政の悪化が指摘されていることは見逃すべきではない。

このような特権的支配層の財力を支えたのは、言うまでもなく彼らが集積した所領である。特権的支配層以外の一門も含めた数だが、北条氏一門の所領は現在五百ヵ所以上が確認されている。摂津氏の所領は後述するように南北朝初期の史料で十四ヵ国に二十一ヵ所が確認されている。鎌倉後期に長く問注所執事を務めた太田時連の所領も南北朝初期の暦応四年（一三四一）時点で六ヵ国に八ヵ所確認される（『萩藩譜録』所収同年四月十日付「太田時連譲状」）。

先祖は大領主ではなかった者がほとんどを占める特権的支配層が、なぜこのような所領の集積を成すことができたのであろうか。

特権的支配層に限らず御家人が幕府から新恩として所領を与えられる最大の機会は、合戦である。奥州合戦を含めた源平合戦や承久の乱といった外敵との戦いでは、幕府は敵方所領を大量に没収し、これらを大々的に御家人たちに分与した。平家没官領が五百余ヵ所、承久恩賞地が三千余ヵ所に及んだことは、よく知られている。また、大小の内部抗争でも敗者の所領は没収され、奮戦した御家人たちの恩賞に宛てられた。これらの合戦において、幕府高官は大将などの重責をになうため、恩賞も一般の御家人より多く与えられることになる。

しかし、何と言っても合戦は臨時の機会である。平時においても、幕府は没収して闕所（無主の地）となった所領は恩賞として御家人に与えていた。幕府の恩賞授与にはいろいろな種類があるが、特権的支配層は幕府高官なるがゆえに職務遂行という形で幕府に奉公することが多く、この結果、恩賞を与えられる機会も一般の御家人より多い。たとえば、北条氏一門の金沢貞顕は子息貞将の六波羅南方探題就任（正中元年〈一三二四〉十一月）の見返りに所領給付を願い出ている（「金沢貞顕書状」〈『金沢文庫文書』三五五〉）。

では、これら特権的支配層が集積した所領は、いったいどこからきたものなのであろうか。

外敵との合戦は源平合戦・承久の乱くらいであり（蒙古合戦で幕府が所領を獲得しなかったことは言うまでもない）、開墾がそんなに急に進むはずもないから、結局、一般の御家人から奪うしかない。

具体例としては、下総千葉氏の一門相馬師胤の旧領が御内人系特権的支配層長崎思元に与えられた事例がある。

相馬師胤の所領であった陸奥国行方郡太田村土貢（年貢）六十貫文・吉名村土貢四十貫文（師胤所領の三分の一）は、おそらく相馬一族間での所領争いによる訴訟の過程で幕府に没収され、これが思元に与えられた。元亨元年（一三二一）十月、この所領が相馬氏方から思元方に引き渡された（この手続きを「打ち渡し」という）際、幕府の使者岩城二郎・結城上野前司（宗広）は思元方と結託し、師胤の従兄弟重胤の所領である行方郡高村の田在家三分の一までも思元方に引き渡してしまったのである。同年十二月、相馬重胤は高村奪還のため幕府に訴訟を提起し、思元方との間で訴訟が開始された（『相馬文書』所収元亨元年十二月十七日付「相馬重胤申状案」・元亨二年付「長崎思元代良信申状」・年未詳「相馬一族闕所地置文案」）。

使者と結んでの押領も重要だが、ここで注目すべきは師胤旧領三分の一を思元が拝領していることである。この拝領は正当な手続きによるものであり、重胤もこちらについては異議を唱えていないからである。

つまり、特権的支配層は幕府の正当な手続きに則って御家人所領を入手しているのである。

特権的支配層の集積した所領については、その量だけでなく、質の点も重要である。得宗家が若狭と津軽の所領を結び日本海海運を掌握していたことは、よく知られている。また最近の研究で、安達氏も鎌倉末期に越前に所領を獲得することにより、鎌倉と出羽を結ぶルートを確保していたが、これは幕府の対蝦夷政策を根拠としていたらしいことが指摘されている。

特権的支配層は幕府高官たることにより、正当な根拠に基づき、正当な手続きを経て、一般御家人に比して、より良質な所領をより多く獲得していたのである。逆に言えば、特

権的支配層への富の集積は、「支配される」側の御家人たちの犠牲によってなされたものであった。

では、このように集積された所領を特権的支配層は、どのように経営していたのであろうか。

所領の経営

特権的支配層の所領支配の実態を非常によく知らせてくれる史料に、鎌倉滅亡後のものになってしまうが暦応四年（一三四一）八月七日付「摂津親秀譲状」（『美吉文書』〈原本所在不明、東京大学史料編纂所架蔵影写本〉）がある。暦応四年は鎌倉滅亡八年後、『建武式目』発布による室町幕府樹立が建武三年（一三三六）十一月であるから、室町幕府の最初期にあたる。

親秀は北条高時らとともに東勝寺に自刃して鎌倉滅亡に殉じた兄親鑒の遺跡を継いで摂津氏惣領となり、当時は引付頭人として室町幕府の重鎮の一人となっていた。しかも、この譲状で嫡孫能直に譲られている上野国高山御厨は、鎌倉末期の徳治二年（一三〇七）には親鑒の所領であったことが確認される（同年二月七日付「関東下知状」〈『東京国立博物館所蔵文書』〉）ので、この譲状に見える所領の多くは、鎌倉期に親鑒の管理下にあった摂津氏所領を引き継いだものと推定してよいであろう。時期からしても、この譲状から読み取れる摂津氏の所領経営状況を鎌倉期にまで遡及して考えることは可能なはずである。

親秀の所領は十四ヵ国に二十一ヵ所。親秀はこれらを一族十六人と氏寺二ヵ寺に複雑に分割して譲与し、その全体に嫡孫能直の強い惣領権を設定している。

たとえば、親氏（ちかうじ）は備後国重永別作本庄半分と武蔵国岩手砂下方半分を譲られているのであるが、重永別作は本庄が親氏と時親（ときちか）に二分割され新庄は西芳寺に、岩手砂は上方が致顕（むねあき）（法名宗準）と師親（もろちか）に、下方が親氏と時親に、おのおの二分割されて与えられている。そして、親氏・時親・致顕・師親に対しては「但し惣領の命に違（たが）わば、当所を申し賜うべし（惣領能直の命に反した場合は所領を没収するように）」との記載があり、西芳寺に対しては「惣領能直檀那として、興行の沙汰を致すべし（惣領能直は檀那として興行に努めるように）」との記載があるのである。

遠隔地に散在する所領をここまで複雑に分割してしまっては、当時京都在住が基本であったと考えられる摂津一族各人は所領を自身で経営することは不可能であったはずである。摂津氏の所領は、現地は代官支配に任され、それを京都に置かれた家政機関（得宗家における公文所（くもんじょ）のような組織）で一元管理し、一族各人は自身の所領からの得分（収入）のみを受け取っていたと考えるべきである。

鎌倉期においても都市鎌倉の住人であった摂津氏の所領経営は同様のものであったであろう。

このような所領経営のあり方は、特権的支配層全体に共通していたと推定される。全国に散在する所領を代官支配によって経営していた特権的支配層は、都市領主と言うべき存在であり、彼らとその富裕な財力の源であった所領との結び付きは非常に稀薄なものであったのである。

このような特権的支配層の在地との結び付きの稀薄さは、守護職（しゅごしき）についても指摘できる。非北条氏系特権的支配層で滅亡まで守護職を保持したのは、わずかに佐々木隠岐氏の隠岐のみである。安達氏は弘安八年（一二八五）霜月騒動まで上野（こうずけ）と肥後を有し、特に上野は次章に後述するように、鎌倉初期以来百年以上守護職を保っていたが、ともに同騒動で没収された。安達氏はこの事件で一時壊滅状態となるが、高時期に安達時顕によって再興され、守護職を一つも持たなかったにもかかわらず、霜月騒動以前に比肩する地位を鎌倉中枢では回復しているのである。これに対し、北条氏一門の保有した守護分国数は鎌倉末期には三十ヵ国に及んだ。そして、従来はこれが北条氏の権力基盤の一つであるとされてきた。しかし、その前提とされたのは、得宗による一門に対する一元的統制の存在であり、現在、それは否定されている。北条氏の守護分国集積は、鎌倉幕府中枢における権力獲得の「基盤」ではなく、「結果」と考えるべきであろう。

都市鎌倉の住人である特権的支配層の所領経営は、都市京都の住人である王朝貴族のそれと同質のものであったと言える。

守護級豪族・室町幕府守護との比較

守護級豪族は、鎌倉初期には文士・北条氏とともに幕府の幹部となり、鎌倉後期にも特権的支配層とともに当時「鎌倉中（かまくらちゅう）」と呼ばれて幕府構成員の上層を形成し、後述するように幕府や得宗家の主催する行事・儀式などにおいては特権的支配層の下部である評定衆家と同等の席次を与えられていた。

しかし、彼らのうちで特権的支配層に加わったのは、下野宇都宮氏のみであった。そして、守護級豪族と特権的支配層はともに御家人の上層部を形成していたが、所領経営の面では両者は大きく異なった性格を有していた。

全国に及ぶ散在所領を経営していたという点で、守護級豪族は特権的支配層と同様であった。具体的には、下野小山氏の当主朝政（ともまさ）が嫡孫長村（ながむら）に宛てた寛喜二年（一二三〇）二月二十日付「小山朝政譲状案」（『小山文書』）が、まず挙げられる。この中で、朝政が長村に譲っているのは、下野で権大介職とともに所領十二ヵ所、武蔵・陸奥・尾張に各所領一ヵ所、播磨に守護奉行職とともに所領二ヵ所であり、朝政の所領は全国五ヵ国に十七ヵ所であった。

また、下総千葉氏が鎌倉中期の建長年間（一二四九～五六）頃には本拠地下総と守護を務める肥前、そして、京・鎌倉を結ぶ独自の全国的経済圏を形成していたことは、よく知られている。

このように、幕府成立以前から大所領を実力で支配していた東国豪族型領主を含めた守護級豪族は、特権的支配層と共通する経済的性格を有していた。しかし、彼らと特権層を決定的に分かつのは、守護級豪族が都市鎌倉以外の地（在地）に強大な拠点を持っており、特権的支配層はそのような鎌倉以外の拠点を持っていなかったことである。

特権的支配層の経済的性格は、豪族型領主と比較すれば明らかである。特権的支配層は幕府高官たることを政治的・経済的基盤としており、都市鎌倉以外に拠点を持たず、鎌倉に集住しながら、全国に散在する所領を経営する都市領主なのである。

守護級豪族と特権的支配層は、ともに鎌倉御家人の上層部でありながら、領主としての性格ではまったく異なる存在であったと言うことができる。

また、室町幕府の支配層を形成した西国守護（室町幕府の直轄領域である本州西部および瀬戸内地域の守護）は、都市（京都）の住人であった点では特権的支配層と同様であるが、彼らの政治的・軍事的・経済的基盤は、おのおのが有する分国であった。

室町幕府の守護が「面」的な支配、つまり一つ一つの所領を越えた一定領域の支配を指向していたことの例には、佐々木京極氏の事例を挙げることができる。

京極氏は鎌倉期には特権的支配層に属し評定衆家に位置付けられるが、鎌倉滅亡に殉ずることなく、室町幕府では飛騨・出雲・隠岐三ヵ国守護職を世襲分国とし、さらに佐々木氏嫡流六角氏が鎌倉期以来守護を世襲していた近江の北半に「近江半国守護」との誤解を生じせしめるほどの実効支配を成し遂げて、いわゆる「三管四職」（三管領四職）の一つとして室町幕府支配層の一員となった。この京極氏の鎌倉末期から南北朝期の当主であったのが、婆娑羅大名として著名な佐々木導誉（高氏）である。

東京大学史料編纂所に所蔵されている影写本『佐々木文書』（原本所在不明）を分析してみると、南北朝時代（応永の乱によって戦乱が完全に終結する応永六年〈一三九九〉まで）の京極氏の所領は、二十八ヵ国に合計六十九ヵ所確認され、この中で「勲功之賞」、すなわち戦闘の恩賞として与えられたものは推定を含めて半数を超える三十五ヵ所である。この所領群の中で近江に所在するのは四分の一にあたる十八ヵ所であり、うち実に十一ヵ所が「勲功之賞」であった。しかも、十八ヵ所のうち、十五ヵ所が伊香(いかご)・浅井(あさい)・坂田(さかた)・犬上(いぬかみ)の北近江四郡に集中していた（このうち「勲功之賞」は、半数を超える八ヵ所）。導誉は一門の命と引き替えに意識的に近江、特に北近江に所領を得ていったのである。これが後の京極氏の北近江実効支配に繋がることは明らかである。京極氏は「点」（所領）を集積することによって「面」（所領が集中した領域全体）の支配に転化させることに成功したのである。飛騨・出雲・隠岐三ヵ国守護職と北近江実効支配が、「三管四職」の一つとして京極氏を室町幕府支配層たらしめた経済的・軍事的、そして政治的基盤となったこともまた明らかであろう。

特権的支配層に支配された後期鎌倉幕府は、もはや東国武士団を結集して成立した頼朝(よりとも)期の鎌倉幕府とはまったく異なるものとなっていたと断言できる。

頼朝の下に結集した東国武士たちには、たしかに武士団として大きな格差・階層差が存在した。そして、頼朝は自己の支配下にはいった武士たちを門葉(もんよう)・家子(いえのこ)・侍(さむらい)の三ランクに分けようとした。しかし、強大な武士団を率いる豪族領主たちは、その軍事力・経済力の大きさを背景に頼朝の意向に影響力を持っていた。だが、だからと言って、豪族領主が他の中・小御家人より身分的に上位にあったわけではない。また、頼朝も門葉・家子より侍の権利を劣ったものとしたわけではない。この点で、たしかに頼朝期御家人は「鎌倉殿の従者として平等」であったのである。これは執権政治期においても、原則として同じである。北条泰時は六波羅北方探題であった弟重時に宛てた貞永元年（一二三二）九月十一日付の書状の中で、「人の高下を論ぜず、偏頗なく裁定せられ候はんために」『御成敗式目』を定めたと述べているのである。

後期鎌倉幕府を支配した特権的支配層の特徴は、前後の時期の武家政権支配層と比較すると鮮明になる。

鎌倉幕府成立期に源頼朝の政治行動を左右する発言権を有していた三浦・千葉・上総・小山・宇都宮氏などの東国豪族型領主は、まさしく当時の幕府の最高幹部と言い得るが、彼らは大豪族なるがゆえに幕府幹部と成り得た。

室町幕府の最高議決機関を構成し、当時「宿老」、後には「三管四職」と呼ばれた斯波・畠山・細川・山名・一色・赤松・京極の七大名家が、「三ヶ国四ヶ国守護」（『満済准后記』永享三年八月三日条・同四年正月十九日条）とも称されていたことに明らかなごとく、室町幕府の最高幹部たちは大守護であることを最大の政治的基盤としていた。

鎌倉初期の豪族領主、室町幕府の大守護と、鎌倉後期の特権的支配層は、武家政権の中枢を構成した点で表面上、同質に見える。だが、その実態は大きく異なる。むしろ、その性格は真逆である。つまり、豪族領主や室町幕府守護が大領主（領主としての性格は異なるが）であることを武家政権における政治基盤としているのに対し、特権的支配層は武家政権中枢に地位を有することによって大領主たり得ていたのである。所領支配の方式の点でも、豪族領主や室町守護が一定地域を「面」として支配していたのに対し、特権的支配層は、自身は鎌倉という都市に居住しながら全国規模で散在する所領を経営していた。特権的支配層の所領は、いわば「点」の集合体なのであり、それは、いくら集積されても「面」を形成するものではなかった。

文士摂津氏と外様御家人佐々木京極氏は、特権的支配層に属しながら、鎌倉滅亡に殉じることなく、室町幕府高官として存続したが、鎌倉後期には摂津氏は寄合衆（よりあいしゅう）家、京極氏は評定衆家に列しており、摂津氏の方が上位にあった。ところが、室町幕府では、飛騨・出雲・隠岐三ヵ国守護職を世襲し、近江北半を事実上分国化した京極氏が前述した宿老七大名の一家として最高幹部に加わったのに対し、摂津氏は式評定衆・地方頭人（じかたとうにん）などを世襲したものの、その地位・権力は室町時代になると京極氏にはるかに及ばないものとなる。

摂津・京極両氏の地位の逆転は、鎌倉・室町両幕府という二つの武家政権の構造の根本的な相違をよく現している。

特権的支配層は、鎌倉幕府の高官たることによって、巨万の富を築く。すでに紹介した元亨三年（一三二三）十月に北条高時の主催で挙行された父貞時の十三年忌法要の豪奢を見るがよい。

特権的支配層の正体

武士・御家人としての特権的支配層の特殊性をさらに明確にするものとして、西遷御家人の存在を指摘することができる。

東国御家人で鎌倉中期以降、西国に得た所領に移住し在地領主化したのが西遷御家人である。以下、主立ったものを例示する。

まずは、何と言っても、薩摩の島津、筑前の少弐（武藤）、豊後の大友の鎮西（九州）三大守護が挙げられる。この他、同じく鎮西では肥前の千葉、筑前の宇都宮、中国では安芸の武田が守護級である。守護級以外では、播磨の島津（薩摩島津の分家。家祖が越前守護代であったため越前島津家と称す）、備後の山内首藤、安芸の熊谷・小早川、肥前の三浦深堀、肥後の相良、日向の伊東、薩摩の渋谷・鮫島など、その事例は非常に多い。

文士系で最も知られるのは、安芸の毛利（広元流大江）であり、他に備後の太田（康信流三善）、筑後の問注所（康信流三善町野氏の支流）、薩摩の二階堂などがある。

北条氏系でも肥後の阿蘇（得宗傍流）、豊前の規矩・糸田（ともに金沢傍流）は、西遷して在地に根を張った。これら北条氏系は、元弘の乱から建武政権下の北条余党の乱で滅亡したこともあって、通常、西遷御家人とはされないが、明らかに西遷御家人であろう。

西遷御家人は、最初は東国に在住しており西国の所領には一族・従者を代官として派遣し所領経営にあたらせていたが、後に御家人自身が移住したものである。移住の形態も庶子家が移住した後に惣領家が移住した場合、その逆の場合などがあり、移住の時期もまちまちであるが、鎌倉幕府が東国御家人を西国御家人より優遇したこともあって、移住先で在地領主化に成功し、北条氏系を除き鎌倉時代以降も存続したものが多い。

結局、武士系・文士系・北条氏系のいずれであっても、西遷してしまえば、移住先で在地領主化を果たしたのである。

また、陸奥の相馬（千葉支流）・伊達（常陸の中村〈伊佐〉氏より分流）・留守（もと伊沢）、津軽の曾我・工藤（ともに御内人）、越後の和田（もと相模）など、西国以外の地域に移ったものもあり、東国御家人の他地域への移住は、西遷御家人に限ったものではない。

平安時代、武士の大半は在地領主であり、本拠地と離れた地に所領を得て遠隔地に複数の所領を経営していた鎌倉時代の御家人のあり方が特殊なのである。そして、西遷御家人に顕著なように、鎌倉御家人も在地領主化への指向を持ち続けていたのである。南北朝以降、上は守護から下は地方の国人領主（在地に居住する中小武士）まで武士の大半が在地に拠点を有したことは言うまでもない。

このような武士（文士系を含む）・御家人の基本的性格に照らした時、都市鎌倉以外の在地に拠点を持たず、都市鎌倉の住人でありながら、散在所領を集積・維持・経営していた特権的支配層が、武士・御家人として、いかに異質な存在であったかが理解されよう。かくのごとく武士・御家人としてきわめて異質な特権的支配層が、後期鎌倉幕府の家格秩序の最上層部を形成し、鎌倉幕府の支配者となったのである。

鎌倉後期武家社会の階層序列を図式化したのが次ページの図である。

武家社会の頂点にあるのは、鎌倉将軍であるが、鎌倉後期の将軍は皇族であり、装飾的存在であった。

将軍の次位には、将軍権力代行者であるところの得宗がいる。

次に寄合衆家。

寄合衆家の下に、幕府では評定衆家、得宗家公文所では執事補佐家。

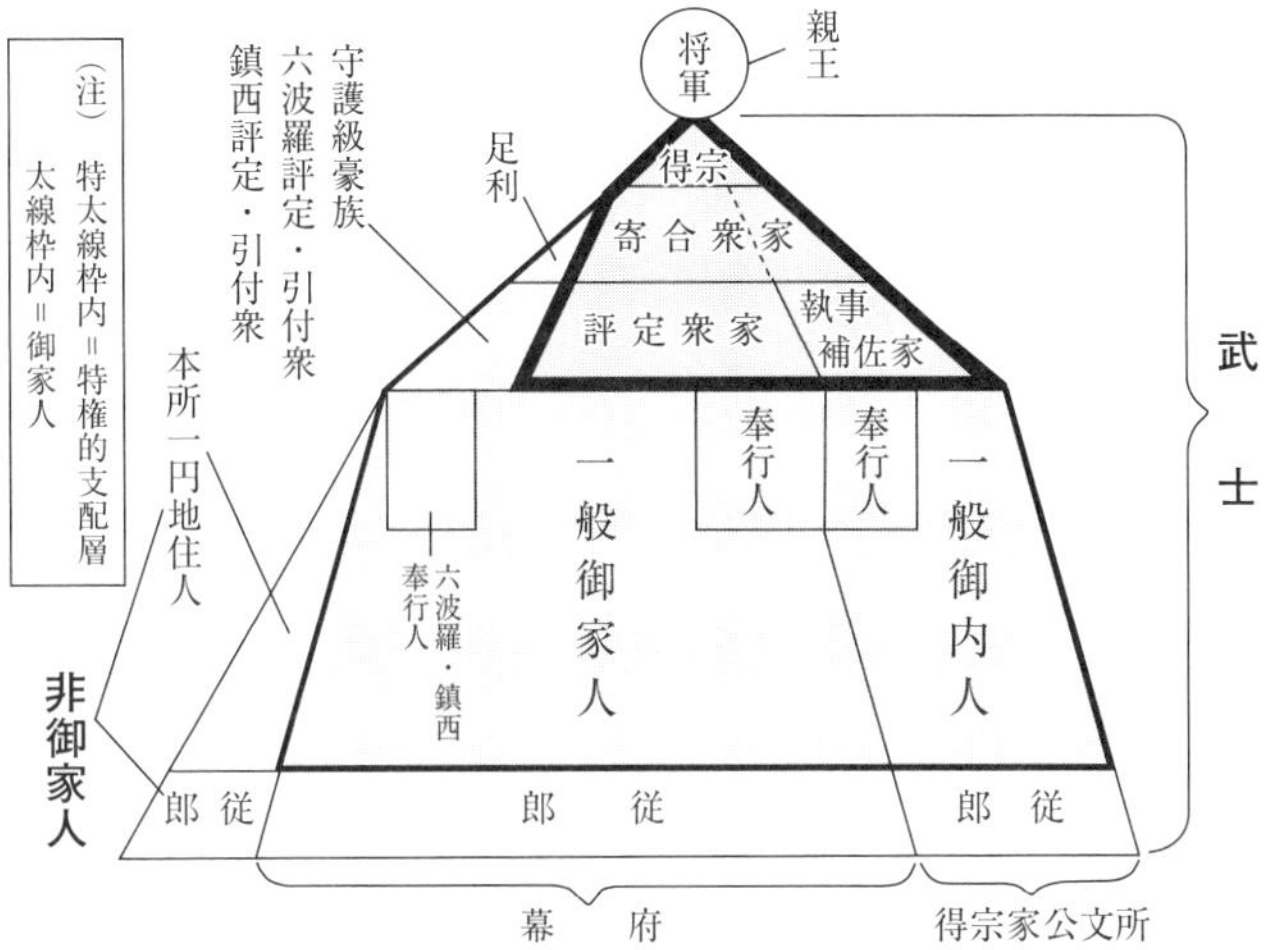

鎌倉後期武家社会の階層序列

最も太い枠でくくった得宗から評定衆家・執事補佐家までが特権的支配層で、幕府と得宗家公文所の支配者である。

足利は家格的には寄合衆家と同等、守護級豪族と六波羅評定・引付衆（ひきつけしゅう）、鎮西評定・引付衆は評定衆家・執事補佐家と同等に位置付けられるが、特権的支配層には入っていない。

評定衆家の下に幕府奉行人、執事補佐家の下に得宗家公文所奉行人、六波羅と鎮西の評定・引付衆の下に六波羅と鎮西の奉行人がある。幕府の被支配層として一般御家人、得宗家公文所の被支配層として一般御内人。ここまでの太枠内が、幕府と得宗家公文所の構成員である。

御家人の郎従（ろうじゅう）と本所一円地（ほんじょいちえんち）住人、そして本所一円地住人の郎従は、非御家人で、幕府や得宗家公文所には所属していない。

しかし、御家人の郎従は御家人を通じて幕府の統制下にあった。本所一円地住人とその郎従も時宗政権以後、幕府の統制下に入ったが、その位置付けは明確でない。

前ページ掲載の図でわかるように、得宗家公文所と一体化した後期鎌倉幕府は、全武士階級を覆う完全なピラミッド型の階層序列を形成できていない。ゆがんでいるし、あちこちにほころびがある。これが鎌倉幕府、そして鎌倉時代の武家社会の歴史的限界であった。

特権的支配層の性格

特権的支配層の性格をまとめれば、次のようになる。

① 鎌倉時代後期に幕府役職を基準として形成された鎌倉幕府独自の家格秩序において引付衆以上の幕府中央要職を世襲した家系。

② 中央集権的組織であった鎌倉幕府において中央要職を独占したことから、鎌倉幕府の支配層となった政治的特権集団。

③ 都市鎌倉以外に拠点とすべき地を持たず、都市鎌倉に集住していた都市領主。

④　幕府高官たることによって、所領を集積・維持し、全国的に散在する所領を経営していた。

⑤　それぞれの家の家政運営は独立採算制でおこなわれていたが、政治的にも経済的にもその特権性は鎌倉幕府に依存することによって維持されていた。

このように定義される特権的支配層は、守護級豪族を含めた一般の御家人・御内人とはまったく異なる社会集団であった。同じ武家政権の支配層であっても、分国を政治的・経済的・軍事的基盤としていた室町幕府の大守護とも性格を異にしていた。特権的支配層は、武士の中ではきわめて異質な存在であったのである。

しかも、御家人の中に占める特権的支配層の割合は驚くほど少ない。御家人は鎌倉時代を通じて約二千家と推算されているが、特権的支配層は前述のごとく五十家から六十家程度である。よって特権的支配層は全御家人の二・五％から三％にすぎないのである。

むしろ、特権的支配層が政治的・経済的・社会的に最も近かったのは、都市京都に集住し政治的・経済的・社会的に王朝に依存する存在であった王朝貴族である。

鎌倉幕府の家格秩序は、王朝のそれと比べれば、小規模で雑なものではあるものの、「中央要職を世襲によって排他的に独占することを政治的・経済的基盤として、政権を支配し、都市に集住しながら全国的に散在する所領を経営する」という特権的支配層の性格は、王朝貴族と同質のものである。言わば、特権的支配層は前述したように「鎌倉幕府の貴族」「武家貴族」とでも呼ぶべき存在であり、特権的支配層によって支配された後期鎌倉幕府は「王朝の亜流」「二流の王朝」とでも呼ぶべきものとなっていたのである。

そして、プロローグに紹介した鎌倉時代の国家論・政権論についての二大学説のうち、権門体制論において、権門とは「政治的・社会的に権勢を持ち、荘園支配など家産的経済を基礎とし、（中略）家政機関と家司を持ち、下文、奉書など基本的に同一様式の文書を発給し、多少とも私的武力を備えた門閥集団」と定義されている。この定義は、そのまま鎌倉幕府の特権的支配層にも当てはまる。特権的支配層は「鎌倉幕府内部の権門」と定義することができるのであり、後期の鎌倉幕府は、特権的支配層という「複数の『権門的勢力』の相互補完と競合の上に成り立っていた」のである。権門体制論では複数の権門の一つである鎌倉幕府が、その内部に権門体制とも言うべき体制を生んでいたのである。言わば、「東国の権門体制」である。

もちろん、幕府の特権的支配層はすべて似たようなものであり、権門体制論に言う権門と比べれば平板で単純なものである。この点でも、後期鎌倉幕府は「二流の王朝」と言えよう。

本章の締めくくりとして、二点、史料を紹介しよう。まず、『公衡公記（きんひらこうき）』正和四年（一三一五）三月十六日条に引用されている施薬院使丹波長周（たんばながちか）の注進状（報告書）、

施薬院使長周（丹波）朝臣注進之

三月八日夜ゐ（亥）のとき（時）に、かまくらいゐしまより（鎌倉飯島）ひいて（火出）き候て、あくる（明）日のう（卯）のとき（時）まてやけ（焼）て候、わかみや（若宮）・いまみや（今宮）・将軍家（守邦親王）・典厩（北条高時）御宿所・相州（北条熙時）・奥州禅門大仏（宣時）・相模左近大夫（北条）貞規・武蔵左近大夫（赤橋）守時・奥州（大仏）維貞・丹波守（大仏）貞宣・遠江中務大輔（名越朝貞）遠江入道（名越時基）道西子・宇都宮下野入道（貞綱）蓮昇・城介（安達）時顕、御所近隣のやかた（屋形）人々、上野介・掃部頭入道（長井宗秀）道雄・刑部大輔（摂津）親鑒・出羽前司（二階堂）貞藤・城加賀守（安達）師景・城越後権介（安達）師顕・長崎左衛門入道（盛宗）円喜・諏方（訪）入道（宗秀）直性・尾藤左衛門入道（時綱）演心以下略之、政所・問注所・公文所同前、若宮別当坊・今宮別当坊同前、此外僧坊不知其数、

当時将軍ハ讃岐守（普音寺）基時亀谷亭ニ御座、典厩、葛西禅尼（北条重時女・北条時頼妻）宿所ニ被移住候、雪下若宮別当僧正房海坊焼失候、火、建長寺飛候て、塔焼失候、寺ハ無為候、

これは当時鎌倉にあった長周が関東申次（もうしつぎ）（朝幕交渉における朝廷側窓口）である西園寺（さいおんじ）公衡（きんひら）に三月八日に発生した大火について報告したものである。ここに被災者として名を記

された人々は鎌倉幕府中枢の要人ばかりであり、「御所近隣のやかた人々」「以下略之」の文言からも、朝廷の重臣公衡、ひいては朝廷に報告されるべき人々として多くの被災者の中から選択されたことがわかる。北条氏・文士・外様・御内人のすべてが含まれている。すなわち、彼らは特権的支配層の人々なのである。

次に、『北条貞時十三年忌供養記』元亨三年（一三二三）十月二十六日条、

廿六日、法堂供養也、堂右雨打間簾中大方殿御座、其次間、修理権大夫殿（金沢貞顕）以下御一族宿老御座、其次堂外至仏殿後脇構桟敷九間、御布施取殿上人・諸大夫座之敷蘇芳縁畳、同堂左雨打間、太守（北条高時）御座、其次間、別駕・洒掃・長禅（安達時顕・長井宗秀・長崎円喜）以下御内宿老参候、其次堂外桟敷七間評定衆・諸大名以下群参、仏殿後門雨打間ノ通一面尓取払天、御内人以下国々諸御家人等烈（列）座各用敷革、

これは法堂供養の席次である。列席者は「御布施取殿上人・諸大夫」（貴族）を除くと、四つのグループに分けられている。最上位は雨打間に対座する大方殿（貞時後室。高時母。安達氏庶流大室泰宗の娘）と得宗高時。次位は次間に座す金沢貞顕以下「御一族宿老」と安達時顕・長井宗秀・長崎円喜以下「御内宿老」。宿老に次ぐのは堂外桟敷に座す「評定衆・諸大名」。そして末席に「御内人以下国々諸御家人等」。得宗母子を別格とすれば、「宿老」「評定衆・諸大名」「御内人以下国々諸御家人等」の三つの階層に分けられている。

「宿老」に名を挙げられている四人は全員、寄合衆であるので、宿老とは寄合衆家の人々であり、それが北条氏と非北条氏に分けられているのがわかる。「評定衆」は評定衆家の人々であり、「諸大名」は守護級豪族の人々であって、彼らは同席させられている。最下層の「御内人以下国々諸御家人等」は、守護級を除く一般の御内人・御家人である。この史料によって、当時の鎌倉幕府の階層序列は明瞭に理解される。

鎌倉末期、都市鎌倉はもはや「武家の都」ではなく、「特権的支配層の都」となっていたのである。

鎌倉時代後期の都市鎌倉に居住し繁栄を謳歌した特権的支配層は、いわば絶海の孤島の特殊な環境に過剰適応して特異な進化を遂げた珍獣であった。彼らには都市鎌倉以外に暮らしうる地はなく、いかに権力と富を手にしようとも彼らは鎌倉幕府なくしては生存不能のひ弱な寄生生物であった。

では、特権的支配層はどのように後期鎌倉幕府を支配し、それはいかなる結果を生んだのであろうか。

鎌倉幕府の滅亡

寄合議制の政治

プロローグに記したように、佐藤進一氏による鎌倉幕府政治体制の三区分では、鎌倉後期は得宗専制期とされる。さらに、佐藤氏は、得宗専制期を弘安八年（一二八五）十一月十七日の霜月騒動を境界として第一段階と第二段階（完成型）に区分している。

この見解は、鎌倉幕府の最高意志決定のありようから、次のように解釈し直すことができる。

文永九年（一二七二）二月の二月騒動から弘安七年四月四日の北条時宗の卒去までが「得宗独裁期」、時宗卒去以降鎌倉滅亡までが「寄合合議制期」である。境界を時宗卒去に置くか霜月騒動に置くかで佐藤説と一年半ほどの誤差が出るが、得宗独裁期・寄合合議制期という私の区分は、ほぼ佐藤氏による得宗専制の第一段階と第二段階に相当する。

北条時宗没後、鎌倉滅亡までの四十九年間は、特権的支配層が鎌倉幕府の支配者となった時代であり、政治制度においては特権的支配層の代表である寄合衆の合議機関となった寄合が幕府の最高議決機関となった時期であることから、寄合合議制期と呼ぶことができるのである。そして寄合合議制期は、さらに左の三期に区分できる。

①　寄合合議制成立期

弘安七年四月四日北条時宗の卒去から、永仁元年（一二九三）四月二十二日平禅門（へいぜんもん）の乱までの九年間。これは霜月騒動を境に、安達泰盛（あだちやすもり）執政期（弘安徳政期）一年半と平頼綱（たいらのよりつな）執政期（平頼綱専権期）七年半に二分される。

②　寄合合議制成長期

平禅門の乱から嘉元三年（一三〇五）四・五月嘉元の乱までの十二年間（北条貞時執政期）。

③　寄合合議制完成期

嘉元の乱から元弘三年（一三三三）五月二十二日鎌倉滅亡までの二十八年間。

以下では、各段階の政治史の流れを追い、寄合合議制の成長過程について述べることにする。

弘安徳政と霜月騒動

弘安七年（一二八四）四月北条時宗が没した時点で、寄合を構成していたのは次の人々である。

〔北条氏〕普音寺業時（連署）
〔文　士〕佐藤業連
〔外　様〕安達泰盛
〔御内人〕平頼綱・諏訪盛経

他にもメンバーがいたのかもしれないが確認できない。時宗の嫡子貞時は七月に執権に就任するが、まだ十四歳であり、彼の評定出仕始（初めて評定に出席すること）は四年後の正応元年（一二八八）二月なので、少なくともそれまでは寄合にも出席しなかったと推定される。

時宗独裁期に時宗の諮問機関であったこの寄合が、時宗に代わって最高議決機関の役割を果たすことになった。

メンバーの中で特に注目されるのは、安達泰盛と平頼綱である。

安達泰盛は、時宗・貞時の外戚（泰盛が養女とした妹が時宗の妻で貞時の母）。平頼綱は、時宗期以来、幕府侍所所司・得宗家公文所執事を歴任し、貞時の乳母夫でもある。両人は時宗政権期の弘安二年には、日蓮から「平等（頼綱）も城等（安達泰盛）も」（同年十一月一日付「聖人御難事」）と並び称される幕政の二大実力者となっていた。

まず主導権を握ったのは、泰盛であった。時宗没から翌年十一月の霜月騒動までは安達泰盛の執政期であり、泰盛によって「弘安徳政」と呼ばれる一大幕政改革が断行されたので弘安徳政期とも呼ぶことができる。

泰盛は弘安五年、執権・連署に次ぐ北条氏有力者の任官が慣例となっていた陸奥守となり、弘安七年の段階では嫡子宗景に五番引付頭人を譲り、自身は寄合衆と評定衆を兼ねていた。この年、泰盛・宗景父子と引付衆である泰盛の弟長景・時景を含め、三十人の評定・引付衆の中に安達氏とその同族大曾禰氏は五分の一の六人を占めていた。これは北条氏の七人に次ぎ、文士の大族二階堂氏より一人多い。しかも、北条氏・二階堂氏が分家に分かれていたのに対し、安達・大曾禰氏六人中の四人は親子兄弟なのであり、泰盛率いる安達・大曾禰一門の勢威が知れよう。

権勢絶頂とも言うべき泰盛は、時宗没の七十五日後（弘安七年には閏四月がある）にあたる五月二十日、徳政の綱領である『新御式目』三十八ヵ条を発布し、弘安徳政を開始した。

時宗卒去から徳政開始までの時間があまりにも短いから、この改革は時宗生前に準備されていたとしか考えられない。そして、時宗の独裁ぶりからして、改革は他ならぬ時宗によって企図されたものであったのであろう。弘安徳政は時宗の生前に、時宗と泰盛によって計画が練られ、泰盛は時宗の遺した改革案を律儀に実行したものと考えられる。改革が時宗と無関係に泰盛とその一派のみで計画されたのであれば、後に弘安徳政を否定する平頼綱ら強力な反対勢力が存在した状況で、改革が実行されたはずがない。

約一年半の弘安徳政期に発布された追加法（鎌倉幕府の法令は『御成敗式目』への追加という形式を取るため、追加法と呼ばれる）は実に百余ヵ条。この空前絶後の幕政改革の内容は多岐にわたるが、その目標は全武士階級を幕府の支配下に組み入れ、もって幕府を真の全国政権へと成長させることであった。具体的には、時宗期に対蒙古政策を理由に幕府の統制下に組み込んだ西国の非御家人を正式に御家人にしようとしたのである。その方向を示したのが、『新御式目』第二四条「鎮西（九州）名主職安堵令」である。

一、鎮西九国名主、御下文を成さるべきの事、（鎮西九国の名主に将軍家御下文をお与えください）

これは九月十日付の追加法第五六二条によって、詳細が決定される。

一、名主職事　条々、

父祖・其身、御家人役を勤仕するの条、守護人の状等を帯さば、安堵すべし、ただし凡下(ぼんげ)の輩(ともがら)においては、沙汰に及ばず、（先祖や本人が御家人の勤めを果たしたことが、守護の発給した文書などで証明されるのであれば、その人を御家人として認める。ただし、武士ではない庶民については、この法令は適用されない）

将軍家御下文を与える・安堵するということは御家人として認定することを意味し、凡下（武士ではない庶民）は除くというのであるから、ここに見える名主は武士身分としか考えられず、よってこの法令は非御家人を御家人とすることを定めたものである。

鎮西名主職安堵令は直接的には鎮西を対象としている。だが、この法令は時宗期に対蒙古防衛のため幕府による軍事動員が法制化された西国の非御家人（本所一円地住人(ほんじょいちえんちじゅうにん)）を、幕府の中でどのように位置付けるかを定めたのであり、その答は御家人化であったのである。これによって、すべての武士は幕府の統制下に正式に組み込まれることになる。

だが、理想は置いて、現実として、どのように統治するというのか。弘安徳政当時、持ち込まれる訴訟は、すでに幕府の処理能力を超えようとしていたのである。私には地方支配機関への分権しかありえなかったのではないかと思う。具体的には、地方広域支配機関の設置・権限強化（鎮西支配機構の設置・六波羅探題の権限強化など）と守護の権限強化、つまりは、室町幕府的体制（地方広域支配機関と守護を通じての間接統治）への移行である。そして弘安徳政は実際にこのような方向を目指していたのではないかと考えられる。

霜月騒動まで安達氏は上野・肥後二ヵ国の守護を務めていたが、二つともに霜月騒動で没収された。肥後は文永年間（一二六四〜七五）に得たものであるが、上野は泰盛の曾祖父盛長以来四代、百年以上にわたって安達氏が守護を務めていた。しかも、「霜月騒動聞書」（『熊谷直之氏所蔵文書』）には「武蔵・上野御家人ら、自害は注進に及ばず（武蔵・上野の御家人たちは、自害した者が報告できないほどの数である）」とあり、騒動において上野が武蔵と並んで多くの犠牲者を出したことがわかる。

騒動で犠牲となった上野御家人の具体名は明らかでないが、景盛以来の安達氏の従者であり、泰盛期には安達氏の執事を務めていた玉村氏は、上野国那波郡玉村御厨を苗字の地としたと推定され、同地が霜月騒動で没収されていることから、霜月騒動で主家安達氏とともに討たれたようである。よって、安達氏は上野御家人の従者化に成功しており、上野は安達氏の世襲分国と言ってよい状況にあったと考えられる。

しかも、安達氏の上野守護世襲は、鎌倉期守護として非常に特殊な性格を有していた。

と言うのは、安達氏の本貫地は三河国宝飯郡小野田荘と推定され、安達氏は本来上野とは無関係で、幕府によって上野守護に任命されたと考えられるのである。

鎌倉期東国守護の特徴は、下野の小山・下総の千葉・相模の三浦のごとく平安期以来の在地大豪族はもちろん、伊豆の北条のように大領主ではなかったものも含め、その国の出身者を当てるのが原則であった。東国武士が多く任命された西国でも、近江の佐々木（六角）などは同様である。そして東国・西国に限らず、鎌倉期守護はたび重なる政変や対蒙古防衛策、さらに北条氏の勢力伸長により、結果的に交代が多かった。

この中にあって、本来無関係であったにもかかわらず百年以上にわたって守護を世襲し、しかも管国御家人の従者化に成功した安達氏の上野は、きわめて特異な事例と言い得る。外様守護にあっては、これに類するのは足利氏の三河くらいではないであろうか。

さらに、安達氏は外様守護であるとともに、幕府中央要職を世襲していた。中央要職を世襲によって独占する鎌倉幕府の特権的支配層にあって、非北条氏で守護職を有する家は、安達氏以外では辺地隠岐の守護を世襲した佐々木隠岐氏だけである。

では、上野とともに武蔵からも霜月騒動の犠牲者が出たのは、なぜであろうか。南上野から北武蔵に及ぶ一帯は、南北朝・室町期には白旗一揆の勢力圏となる。この地域には後に白旗一揆に成長する中小武士団の連合体が存在し、上野守護安達氏はその上に乗る形で支配を浸透させていったのではないであろうか。

このように、霜月騒動以前の安達氏は、守護としても特権的支配層としてもきわめて特異な存在であった。よって、霜月騒動は、美濃の乱（土岐氏）・明徳の乱（山名氏）・応永の乱（大内氏）・嘉吉の乱（赤松氏）といった南北朝・室町期の大守護反乱の先駆とも言うべき「上野守護安達氏の反乱」という側面を有していたのである。言いかえれば、霜月騒動以前の安達氏は室町幕府の支配者となった大守護に通じる性格を有しており、これが弘安徳政で見せた安達泰盛の先進性の背景の一つであったのではないかと推測される。

一種の超越者であった時宗と室町期守護に近い管国支配体制を上野に構築していた安達氏の泰盛であれば、鎌倉幕府の地方分権化という発想が可能であったのではないであろうか。時宗と泰盛が弘安徳政で目指したのは、南北朝内乱なしでの鎌倉幕府の室町幕府的体制への移行であったと考えられるのである。

だが、非御家人の御家人化は御家人制を根本的にあらためるものであった。また、地方機関への分権や守護の権限強化は、鎌倉幕府の中央集権制の否定であり、幕府中枢役職を独占することを権力基盤とする特権的支配層の利益に反することは明らかである。

また非御家人の御家人化は旧来の御家人、なかでも在地で本所一円地住人と競合する西国御家人にとっては頼朝（よりとも）以来の特権身分を奪われるに等しい。かつ、それは御家人制の上に立脚する鎌倉幕府の動揺に繋がりかねず、それは特権的支配層の権力基盤を崩しかねない。

かくて弘安徳政をめぐり、鎌倉幕府中枢は急速に安達派と反安達派に分裂する。反安達派の中心となったのは平頼綱であった。

弘安八年十一月十七日、両派は軍事的に衝突し、鎌倉は市街戦の巷（ちまた）と化す。霜月騒動である。そして、安達泰盛は一党五百余人とともに滅亡し、弘安徳政は潰えた。

霜月騒動時点での評定衆は十六人、引付衆は十三人。このうち、騒動で失脚したのは、評定衆六人・引付衆七人。この犠牲者のうち殺害されたのは、安達・大曾禰氏六人全員を含む八人。政権中枢構成員の四割が失脚し、その過半数が殺害されたのであるから、事件の深刻ぶりが理解されよう。

だが、霜月騒動の影響は、それだけではない。弘安徳政が潰えたことは、この後の鎌倉幕府の進路を決定付けたからである。

鎮西名主職安堵令は、前述のごとく非御家人を御家人化し、すべての武士を鎌倉幕府の支配下に置く方向性を持っていた。この試みは霜月騒動によって放棄され、以後ついに鎌倉滅亡まで手掛けられることはなかったのである。御家人制はこれまでと同じく閉鎖的なものに止まり、鎌倉幕府は真の全国政権となる道をみずから放棄したのであった。

平頼綱の執政

安達泰盛を倒したことにより、平頼綱は権力を掌握し、泰盛にかわって執政者の地位に就いた。以後、頼綱の支配は七年半の長きに及ぶ。

頼綱は最初、積極的に政治に取り組んでいる。騒動後およそ一年半の間に、異国警固、訴訟の公正・迅速化、鎮西訴訟、悪党禁圧といった目的を持つ法令が次々に発布されたのである。

興味深いことは、これらが弘安徳政期の発布法令の内容と共通することである。さらに詳しく法令の内容を検討してみると、第一に指摘されるのは、弘安徳政期政策の否定である。鎮西名主職安堵令は反故（ほご）にされた。よって頼綱政権が弘安徳政を否定する方針であったことは論を待たない。

だが、同時に、単に否定するだけではなく、この時期の頼綱政権は弘安徳政が対処しようとした蒙古襲来後の政治課題に対し、積極的な取り組みをもしている。典型例としては、鎮西談議所（ちんぜいだんぎしょ）の設置が掲げられる。これは、鎮西（九州）に専門の訴訟機関を創設するものであり、鎌倉幕府において初めて試みられた政策である。さらに、霜月騒動は評定・引付衆という政権中枢に、構成員の半数近くが失脚し、失脚者の過半数が殺害されるという甚大な被害をもたらした。よって、頼綱政権は物理的な人材不足の状態で始動したにもかかわらず、新たな人材の登用による政権中枢の再建と同時進行で、奉行人に精勤を求め（追加法第六〇四条）、訴訟における讒言（ざんげん）や有力者の介入を禁止する（追加法第六〇七・六〇八・六一〇条）など、この時期の頼綱政権には、主体的には善政をおこなおうという意欲・積極性を見出すことができる。霜月騒動によって安達派を葬った頼綱らは、彼らの立場からすれば、かくあるべき正しい政治改革、すなわち「徳政」を実行していたのである。

では、泰盛の弘安徳政と頼綱の「弘安徳政」の相違点は何か。これについては、弘安徳政期の鎮西名主職安堵令と頼綱政権による本所一円地住人への対応の比較が参考になるであろう。頼綱政権でも、本所一円地住人への軍事動員と恩賞宛行（あてがい）は発令されている。しかし、下文（くだしぶみ）発給への言及はまったく姿を消す。鎮西名主職安堵令によって立法された本所一円地住人への下文発給、すなわち本所一円地住人の御家人化政策は、頼綱政権にいたり放棄された。そして、弘安十年（一二八七）五月二十五日付の追加法第六〇九条は、祖父母が下文を帯した者は御家人と認めることを定めたものであり、裏を返せば、御家人を源家三代将軍期の御家人の子孫に限定する法令であって、本所一円地住人の御家人化は否定されたのである。よって、頼綱政権の本所一円地住人（非御家人）への対応は左のごとくであったと考えられる。

①　番役勤仕は認める（異国警固については強制的にでも勤仕させる）。
②　勲功に対しては恩賞を与える。
③　ただし御家人とは認めない。

鎮西名主職安堵令に比して、いかにもわかりにくいが、西国の実状に照らした時、これが最も現実的な処置と判断されたのではないか。本所一円地住人を御家人とするという鎮西名主職安堵令で被害を被るのは、現地で本所一円地住人と競合する旧来の西国御家人たちだからである。彼らの御家人という身分的特権を剝奪するに等しい鎮西名主職安堵令に最も反発したのは、西国在地に居住する御家人たちであったはずである。

頼綱ら反安達派は、泰盛の弘安徳政を鎌倉幕府の存立基盤である御家人制を破壊する「悪」と見なしたのであり、安達派を打倒した霜月騒動は、彼らにとっては、いわば「正義の戦い」であったのである。霜月騒動における頼綱らの泰盛打倒の根拠は、頼綱らの立場からすれば、時宗の遺志がねじ曲げられたという点にあり、霜月騒動は時宗の政治的遺産の争奪戦であったのである。

では、頼綱政権の「徳政」は成功したのであろうか。泰盛の徳政に比して現実と妥協的な、いわば穏健な頼綱政権の「徳政」は、それゆえにある程度の成果を上げた。鎮西談議所が設置から七年近くも機能し、鎮西探題へと発展したことは成功例と言えよう。頼綱自身もまたそのように判断したのではないか。だが、現実妥協的であるがゆえに、頼綱政権の「徳政」は蒙古襲来後の政治課題を根本的には何ら解決しなかった。前述した本所一円地住人対策は、折衷的であるがゆえに、本所一円地住人・西国御家人双方からの不満と反発を受けたと判断される。本所一円地住人は御家人と同等の負担を負わされながら御家人とは認定されないのであり、西国御家人からすれば本所一円地住人が実質上彼らと同等の待遇を鎌倉幕府から与えられたことになるからである。頼綱政権の「徳政」は、彼らが葬った弘安徳政のようなビジョンを初めから持っていなかったのであり、それゆえに表面的な改革に終わったのである。

以上、客観的な評価は別として、頼綱執政期最初の一年半は、頼綱らからすれば泰盛によってミス・リードされた弘安徳政の修正を含めた政治改革が積極的に推進された時期と評価することができる。

ところが、その後、このような積極性は急速に失われ、かわって王朝への接近と頼綱一門をはじめとする御内人への権力集中が顕著になる。

まず、王朝への接近を最もよく示すのは、正応元年（一二八八）七月付の追加法補遺第一七条である。検非違使任官者に対し、当職（在任）のうちは京都公事を催促に従い参洛（上京）して勤仕すべきことを命じている。

そして弘安十年十月、頼綱は皇位の交替を事実上、王朝に強制するのである。

同年九月二十五日、東使（鎌倉幕府からの朝廷への使者）佐々木京極宗綱が上洛。宗綱は翌二十六日、関東申次（朝幕交渉の王朝側窓口）西園寺実兼邸に向かい、将軍源惟康の立親王を要請した。九月二十七日、実兼は治天亀山上皇のもとに参院し、惟康の中納言・右近衛大将辞退と立親王という鎌倉幕府の要求を正式に報告。臣籍降下した皇孫への親王宣下は空前のことであったが、朝廷はこの異例の要求をたちまち受け入れ、六日後の十月四日、惟康は中納言・右近衛大将を辞し、二品親王となる。その八日後の同月十二日、ふたたび西園寺邸を訪れた東使宗綱は春宮（皇太子）受禅（皇位継承）を要求する書状を提出すると、返事を聞くこともなく、そのまま帰東したのであった。十三年続いた亀山院政下の朝廷は「御所中上下騒動、人々群参雲霞の如し」（『勘仲記』同日条）という事態となるが、結局、これを受け入れ、九日後の同月二十一日、皇太子煕仁親王受禅（伏見天皇）、伏見の父後深草上皇の院政が開始となる。つまり、皇位と朝廷政務は大覚寺統から持明院統に移ったのである。それは、正元元年（一二五九）十一月の亀山受禅以来、二代二十八年の長きにわたった大覚寺統による皇統独占の終焉、両統迭立の始まりであった。

二年後の正応二年四月二十五日、伏見皇子胤仁親王（正応元年三月三日誕生。後の後伏見天皇）が立太子し、十月には惟康に替わって後深草庶子久明親王が将軍就任・鎌倉下向した。ここに持明院統は皇位・皇太子・鎌倉将軍を独占した。頼綱は王朝に急接近し、大覚寺統に比して劣勢であった持明院統を強力に後援したのである。

次に権力集中については、正応四年二月三日付追加法第六三一条と同年八月二十日付追加法第六三二条が典型的である。第六三一条は、訴訟の督励・監察権を与えられた御内人二名を鎮西に派遣したものであり、第六三二条は寺社・京下訴訟の処理の促進のため奉行人および五方引付のやはり督励・監察権を五人の御内人に与えたものである。また、時宗期成敗の不易法である正応三年九月二十九日付追加法第六一九条は、わずか六年前の判決をも不易（再審請求を認めないこと）とするものであり、訴訟を強権的に切り捨てる専制的な政策である。訴訟の公正・迅速化と言えなくはないが、これによって処理は確かに迅速となるものの、訴訟の提起自体が門前払い的に拒否されるのであるから、問題の根本的な解決にはなっていない。

この頼綱政権における政策の極端な変化は何に起因するのであろうか。第六三一条で鎮西に派遣された二人も、第六三二条で奉行人・引付の監察権を与えられた五人も、御内人である。しかも、第六三二条の五人のうち三人は、平宗綱・飯沼資宗（いいぬますけむね）という頼綱の子息と従兄弟長崎光綱（ながさきみつつな）なのである。この事実は、頼綱が信頼して職務を任せることができたのは、長崎氏一門を中心とする御内人のみであったことを示している。頼綱政権の専制化は、権力基盤の強さではなく、脆さをこそ現しているのである。

頼綱執政期の鎌倉幕府の政治体制は、弘安徳政期と同じく寄合による合議体制であった。よって最高議決機関たる寄合のメンバーであるという点において、頼綱の地位は安達泰盛と同様であった。頼綱と泰盛の相違点は、頼綱が評定・引付衆にはついに自身も一門も加えることはなかったという点である。頼綱は寄合―評定―引付という鎌倉幕府の政治システムの主軸においては、その頂点たる寄合にしか地位を有さず、言ってみれば根のない状態にあった。長崎氏は評定・引付衆に就任した先例を持たなかったため、頼綱政権にあっても、これらの職に就任することができなかったのである。ゆえに頼綱は、一門を中心とする御内人に引付の監察権を与えるという、まわりくどい方式を採らざるをえなかった。頼綱は霜月騒動に勝利したという一点によって鎌倉幕府の指導者の地位に就いたものの、鎌倉幕府の政治機構を根本的に変革することも、政治機構の正式ルートに自身や一門を加えることもできなかったのである。

これに加えて、霜月騒動で頼綱とともに戦った人々は、おそらくは反安達の一点で結集したのであり、泰盛一党の滅亡後には、必ずしも頼綱に協力的であったとは思われない。頼綱政権期に頼綱とともに寄合を構成した大仏宣時（おさらぎのぶとき）・北条時村（ときむら）は、北条氏一門であり、庶家出身者とは言え、本来主筋にあたる二人は、頼綱をしても制御しかねる発言権を有していたはずである。

このように泰盛に比しても権力基盤の脆弱であった頼綱は、霜月騒動後、急速に求心力を失い、これが政策転換の要因であったと判断される。頼綱は霜月騒動後一年半ほどにして政治改革を続行する余裕を失い、自身の権力基盤の強化に走ったのである。王朝、特に持明院統への接近も、王朝権威を背負おうとする頼綱の政策であった。

霜月騒動という大量殺人によってまとった「恐怖のオーラ」のみを権力基盤とした頼綱は、権力基盤の強化に血道をあげ、皇位の交替までやってのけたのであった。そして、貞時が成長すると、頼綱は傀儡としていた主人の手により呆気なく滅ぼされたのである。

この頼綱執政期にあたる正応二年五月、北条時村が寄合衆に補任されている。これは、寄合衆が幕府の正式な役職となったことを示す。寄合は幕府の公的機関、それも最高議決機関となったのであった。

寄合合議制の成長

永仁元年（一二九三）四月二十二日早朝、北条貞時は頼綱とその一派を滅ぼした。「平禅門の乱」と呼ばれるこの事件は奇襲攻撃であった点と、事件によって貞時が政権指導者の地位についた点が、二十一年前に貞時の父時宗が決行した二月騒動にきわめてよく似ている。決行時の年齢も時宗二十二歳・貞時二十三歳とほぼ同じである。

実際、貞時は事件の直後から、父の背を追うかのように猛然と政務に取り組み始めた。十月、五方引付を廃止して七人の執奏を設置。貞時は執奏を通じて奏上されるすべての訴訟を自身で裁決しようとした。この制度は個人の政務処理能力を越えており、執奏は一年で廃止されて、翌永仁二年十月、五方引付が復活した。しかし、それでも「重事においては猶直に聴断」（『鎌倉年代記』永仁三年条。二年の記事が三年に誤記されている）たることが定められ、重要案件の裁決権は貞時が握り続けていた。貞時は時宗と同じ独裁者たらんとしたのである。

以後、貞時は家格秩序や先例を無視した人事をおこない、幕政改革を続ける。引付頭人・政所執事（まんどころしつじ）・侍所所司・得宗家公文所執事といった要職には貞時の意向で先例を欠く人事がなされ、貞時の判決を反故にしかねない越訴方（おっそかた）は廃止と再設置が繰り返された。一連の改革で、貞時が目指したのは、自身と二人の従弟師時（もろとき）・宗方（むねかた）という得宗家一門への権力集中であった。言ってみれば、得宗専制ならぬ得宗家専制である。

師時は貞時の叔父宗政（むねまさ）の子で、貞時の四歳下。貞時の娘婿でもある。平禅門の乱一ヵ月後の永仁元年五月二十二日、十九歳で評定衆となり、五日後には三番引付頭人となった。十月の引付廃止・執奏設置で七人の執奏の一人となる。その後、永仁五年七月に二十三歳で二番引付頭人となり、正安三年（一三〇一）八月、貞時出家の後継として二十七歳で執権となった。

宗方は貞時のいま一人の叔父宗頼（むねより）の子で、貞時の七歳下。永仁五年六月二十三日、二十歳で六波羅北方探題に就任したのが、要職就任の最初である。正安二年十一月二十五日に東下すると、一ヵ月後の十二月二十八日、二十三歳で評定衆に就任。翌正安三年正月には四番引付頭人となり、八月に越訴頭人に転じた。そして、嘉元二年（一三〇四）十二月、二十七歳で北条氏としては異例にして唯一の幕府侍所所司・得宗家公文所執事に就任した。
貞時は平禅門の乱の直後から師時・宗方をみずからの左右の腕とするために要職を歴任させて育成し続けたのである。そして、宗方が侍所所司・得宗家公文所執事に就任した嘉元二年十二月七日、僧形の得宗貞時の下で、師時は執権、宗方は越訴頭人・幕府侍所所司・得宗家公文所執事となった。これによって幕府と得宗家公文所の政治と軍事の指揮権が得宗家一門に集中されたのである。

この得宗家専制体制は、実は時宗によって準備されたものであった。と言うのは、時宗は甥である師時・宗方、そして、宗方の兄兼時（かねとき）（永仁三年九月、評定衆在職中に三十二歳で没）の三人を猶子（子息待遇）としていたのであり、しかも貞時の正妻は叔父宗政の娘、すなわち師時の姉妹であった。貞時と宗政娘の婚姻の時期は不明であるが、時宗が正妻を娶（めと）ったのは十一歳の時であり、貞時の婚姻も十代前半以前と推定される。貞時の正妻を決めたのは時宗であったと考えて間違いない。

時宗は嫡子貞時と甥師時・兼時・宗方を義兄弟とし、さらに師時の姉妹である姪を貞時の正妻としたのである。時宗が貞時を頂点とする得宗家への権力集中を構想していたことは明らかである。独裁者時宗は一族である北条氏庶家すら信用せず、将来の子息の補佐役として甥という最も近い血縁者を選んでいたのである。そして、北条氏庶家への時宗の不信は、現実のものとなる。

平禅門の乱後、貞時は父時宗と同じく鎌倉幕府の独裁者の地位についたように見える。貞時期が得宗専制の絶頂期と評価されるゆえんである。

しかし、実態を見ると、貞時の政治改革はほとんど成功していない。たとえば、越訴方が廃止と設置を繰り返したことは、貞時政権の迷走を示すものである。

貞時の改革を阻んだのは、何者か。これこそ特権的支配層、わけても北条氏庶家であった。貞時と北条氏庶家の抗争が顕著に現れているのは、引付頭人の変遷である。

引付方は、時宗政権までは五方、一番から四番まで北条氏庶家、五番のみ非北条氏が頭人（長官）となる体制であり、頼綱政権期には五人すべてが北条氏庶家によって占められていた。ところが、平禅門の乱直後の永仁元年六月に三方制とされ、頭人は得宗家一門一名（師時）・北条氏庶家二名となった。十月には引付方そのものが廃止され、執奏が設置される。執奏七人の構成は得宗家一門一名（師時）・北条氏庶家四名・非北条氏二名。翌永仁二年十月、引付方は五方制で復活し、頭人は北条氏庶家四名・非北条氏一名という時宗期と同じ構成となった。以後、引付頭人において北条氏庶家は減少を続け、永仁五年七月には三名、正安元年四月には二名となる。これが正安三年八月、執権貞時・連署大仏宣時の辞職・出家にともなう改編で一挙に四名に復す。乾元元年（一三〇二）九月には、引付方は前代未聞の八方制となり、北条氏庶家は五名に増加。他は得宗家一門一名（宗方）・非北条氏二名であった。さらに嘉元元年（一三〇三）四月には非北条氏が一名となり、北条氏庶家は六名となる。翌嘉元二年には七方制となって、北条氏庶家は五名。そして同年十二月、引付方は五方制に復し、頭人はすべて北条氏庶家によって占められた。

まことに目まぐるしいが、このような引付頭人の動揺は、貞時と北条氏庶家の権力闘争の結果と考えられる。

時宗は独裁者となりながら、子息貞時はなぜ北条氏庶家の抵抗を受けることとなったのであろうか。まず言えることは、貞時の改革が北条氏庶家を含む特権的支配層の拠って立つ家格秩序や先例を無視するものであったことである。既得権益を守るために、北条氏庶家は特権的支配層を代表して貞時に対抗したのである。

そして、時宗期と貞時期では、寄合の性格が大きく変質していた。時宗期には独裁者時宗の諮問機関にすぎなかった寄合は、平禅門の乱の時点では幕府の最高議決機関となっていたのである。

得宗家専制体制ができあがった嘉元二年十二月の時点で、寄合に加わっていた得宗家一門と北条氏庶家の人々は次のようになる。

〔得宗一門〕　北条貞時（得宗）・北条師時（執権）・北条宗方（越訴頭人・侍所所司・得宗家公文所執事）

〔北条氏庶家〕　北条時村（連署）・大仏宗宣（一番引付頭人・越訴頭人）・赤橋久時（二番引付頭人）

五ヵ月後、この六名のうち宗方が時村を殺し、宗宣が宗方討伐の大将となるのである。

嘉元三年四月二十二日子の刻（午前0時頃）、失火によって貞時邸が焼失。貞時は執権師時邸に移った。翌二十三日、やはり子の刻、突如、貞時の「仰（命令）」と号する武装集団が連署北条時村邸を襲い、時村を殺害した。ところが、五月二日、時村殺害は「僻事（間違い）」であったとされ、捕らえられていた時村襲撃の大将十二名のうち逃亡した一名を除く十一名が斬首された。さらに二日後の四日午の刻（正午頃）、貞時は時村襲撃が宗方の陰謀であったとする噂に対処するため師時邸で評定を開いていた。そこに手勢を率いた宗方が襲来したのである。貞時は評定衆佐々木隠岐時清をして「暫く来臨すべからず（まだ来るな）」という言葉を宗方に伝えようとした。ところが、厩の前で出逢った宗方と時清は合戦となって、ともに討死。続いて、大仏宗宣（一番引付頭人）・宇都宮貞綱（評定衆か）を大将とする討手が宗方邸を襲い、宗方の余党を滅ぼした。

　嘉元の乱と呼ばれるこの事件は、経過からもわかるように、数ある鎌倉幕府の内部抗争の中でも最も謎に満ちた事件であるが、私は時村邸襲撃に際し討手たちが叫んだ「仰」は、実は「僻事」ではなく、本当に貞時の「仰」であったろうと考えている。貞時は宣時引退後、北条氏庶家の最長老となった時村を抹殺し、抵抗勢力を一気に圧倒しようとしたのである。奇襲攻撃によって平頼綱を倒した貞時は十二年前のシナリオを再演しようとしたのであった。ところが、時村殺害への反発が予想以上に激しく、貞時は討手十一人の処刑によって事態を収拾しようとした。しかし、反発は収まらず、貞時は自己の責任回避のため、片腕ともたのむ宗方の討伐を命じた。これが嘉元の乱の真相であったと推定される。

　嘉元の乱の失敗によって、時宗によって路線が敷かれ、貞時が平禅門の乱以来十二年の歳月をかけて築いた得宗家専制体制は、わずかヵ月で崩壊した。貞時はなお六年を生きるが、将軍権力代行者たる得宗の地位にありながら寄合にも評定にも出席することなく、連日酒宴を繰り返して過ごす。山積する訴訟をすべて自身で裁決しようとしたかつての姿は、もはやなかった。そこにあるのは、デカダンスの生活に逃避する挫折者の姿であった。

注目すべきことは、最高権力者であるはずの貞時が寄合にも評定にも出席を放棄していながら、政治が稼働していたという事実である。

嘉元の乱によって、特権的支配層は得宗との権力闘争に勝利したのである。かつて将軍に対し時宗が成したと同じく、特権的支配層は将軍権力代行者である得宗から権力を奪取し、得宗を装飾的存在として棚上げすることに成功した。

以後の鎌倉幕府は、特権的支配層の代表である寄合衆の合議機関となった寄合によって運営されるようになる。寄合が最高議決機関となる寄合合議制は、嘉元の乱によって完成したのである。

地方分権と中央集権の相克

分権と集権政策

承久(じょうきゅう)の乱後に設置された西国統治機関である六波羅探題(ろくはらたんだい)では、文永年間（一二六四〜七五）以降、機構整備が進み、長官たる南方・北方探題のいずれかが指導的役割を果たす執権(しっけん)探題となる制度ができあがる。これは、鎌倉における執権・連署(れんしょ)の役割である。この南方・北方探題の下に引付頭人(ひきつけとうにん)・評定衆(ひょうじょうしゅう)・引付衆・奉行人という鎌倉中枢と同様の体制が整えられた。

弘安徳政期の鎮西特殊合議訴訟機関、平頼綱(たいらのよりつな)専権期の鎮西談議所(ちんぜいだんぎしょ)を経て北条貞時(ほうじょうさだとき)政権期に設置された九州統治機関である鎮西探題でも、長官たる探題の下に引付頭人・評定衆・引付衆・奉行人という、やはり鎌倉中枢と同様の体制が整えられた。

守護でも、鎮西に次ぐ対蒙古防衛拠点である周防・長門両国は一人が兼帯する体制が取られるようになり、これは『太平記』では「周防長門探題」「長門探題」と称されている。畿内近国でも六波羅南方・北方探題が守護を兼ねる国々が設置された。

これらは、いずれも鎌倉幕府が広域軍管区形成の方向に進んでいたことを示している。

以上の点に注目すれば、文永年間以降の鎌倉時代後期、鎌倉幕府は守護を含めた地方機関への権限委譲、つまりは地方分権の方向に向かっていたと言うことができる。

ところが、鎌倉幕府は地方機関の機構整備と同時進行で、地方機関に対する幕府中枢の支配強化、つまりは中央集権的政策をもおこなっているのである。

六波羅探題では、第三代北方探題北条重時（重時の家系を彼が建立した寺院の名から「極楽寺流」と称す）の寛喜二年（一二三〇）就任以降、第六代北方探題赤橋義宗の建治二年（一二七六）の離任まで、重時・長時（重時の嫡子）・時茂（長時の弟）・義宗（長時の嫡子）と実に三世代四人四十六年にわたり、極楽寺流北条氏が北方探題を務めていた。しかも、南方探題は第二代佐介時盛の仁治三年（一二四二）の離任以降、第三代北条時輔の文永元年（一二六四）の就任まで二十二年間空席で、この間、南方探題府は実質上廃絶していた。よって、文永年間までの六波羅探題は事実上、極楽寺流北条氏の家職化していたと言えよう。ところが、文永元年に時輔が就任して南方府が再建され、義宗の後任として北条政村の嫡子時村が建治三年に北方探題に就任して以降の鎌倉後期には、六波羅探題は得宗家傍流・赤橋家（極楽寺流）・常葉家（極楽寺流）・普音寺家（極楽寺流）・政村流北条家政長系・金沢家・佐介家政氏系・佐介家時員系・大仏家の九家の間でタライ回しにされ、しかも時代が下るにしたがって在職期間が短期になってゆく。特定の家による六波羅探題の世襲・独占は否定され、幕府中枢の統制下に置かれたのである。

しかも、六波羅引付頭人・評定衆・引付衆・奉行人といった探題府職員の人事権は幕府中枢に握られ、これら職員の官位・官職への推挙権も幕府中枢の掌握するところであった。

鎮西探題でも、初代実政・二代政顕と金沢家傍流の上野家が二代世襲したものの、政顕の後はその子種時が探題の職務を執りながら正式に探題に任命されず、第三代には得宗家傍流阿蘇家の随時が任命された。しかも、鎮西に生まれ育った随時は探題就任の直前に一年半あまり鎌倉で二番引付頭人を務めているのである。そして、第四代にして最後の鎮西探題となったのは鎌倉から派遣された赤橋英時（十六代執権赤橋守時の弟）であった。六波羅同様、特定家系による世襲化は否定され、幕府中枢による統制が次第に強化されていることがわかる。鎮西引付頭人・評定衆・引付衆・奉行人など職員の人事権が幕府中枢の握るところであったことも、六波羅と同様である。

周防・長門兼帯守護も、幕府中枢の大幹部である鎌倉一番引付頭人の本人兼帯、または頭人の名代(みょうだい)的人物の就任職となっていた。

つまり、後期鎌倉幕府は地方分権と中央集権という相矛盾する政策を同時におこなっていたことになる。いわば、右手で穴を掘りつつ、左手でその穴に土を入れているようなマネをしているのである。

矛盾の政策

後期鎌倉幕府は何故に、このような明らかに逆方向を向いた政策を同時進行でおこなうことになったのであろうか。これには、以下の三点に要因があったと考えられる。

まず第一に、地方分権政策は文永年間以降の社会変動に対応するため否応なく進めざるをえないものであったということである。御家人の一族間での所領争いの増加により幕府に持ち込まれる訴訟は増加傾向にあったうえに、王朝の統治能力低下により本来幕府の管轄外にあった西国の寺社本所（荘園領主）間訴訟まで幕府が対応せざるをえなくなり、訴訟案件が増大したこと、荘園制の動揺による畿内近国における悪党の跳梁(ちょうりょう)に幕府が対応しなければならなくなったこと、大覚寺(だいかくじ)統・持明院(じみょういん)統に分裂した天皇家の内紛の調停が幕府に委ねられたことなどにより、鎌倉後期には持ち込まれる案件は幕府中枢の処理能力を超えつつあったのである。幕府中枢でも、これに対応するための機構整備は、もちろんおこなわれた。文永年間（一二六四～七五）には再審専門機関として越訴方が設置され、その後も寺社訴訟の専門機関である寺社奉行、西国から持ち込まれる訴訟に対応するため京下奉行が創設され、引付方も貞時期には最大、八方まで増設される。また、弘安徳政において、それまで引付方で複数作成されていた判決原案を一つとし、評定ではその可否のみを審議するようになった引付責任制も訴訟処理の迅速化を目指すものであった。

嘉元元年（一三〇三）、御家人の所領譲与に際し、それまで嫡子には下文・嫡子以外には下知状を発給していたのを、御家人が提出した譲状の余白に安堵（承認）の文言を記す外題安堵の形式にあらためたことも、手続きの簡略化を目指したものである。さらに、将軍・得宗の治世期間を基準に判決への不服申し立てを禁じる不易法の発布も訴訟の数的な削減を目的とするもので、訴訟案件の処理を目指す政策と言えるが、これは訴訟の切り捨てであり、問題の本質的な解決を閉ざす強権的な施策であった。このような強引な政策をとってすらも、幕府の直面した案件は、その処理能力を越えていた。なにしろ、鎌倉中枢には、下は辺境の一御家人の所領相続から、上は皇位継承にいたるあらゆるレベルと種類の問題に対する承認と決定の権限が集中していたのである。

鎌倉幕府は鎌倉後期の社会変動に対応し、源頼朝（みなもとのよりとも）以来の中央集権的性格を維持し続けるほどの能力を持っていなかったのであり、地方分権政策は必然の結果であったと言うことができる。

第二に、今述べた鎌倉幕府の頼朝以来の中央集権指向が挙げられる。頼朝は、各御家人の有する武士団の規模に関わりなく御家人一人一人を直接自身で把握しようとした。この傾向は、その後の鎌倉幕府にも引き継がれ、幕府は制度としては国ごとに守護職を置きながら、御家人を直接把握しようとしたのである。これは鎌倉幕府のみの責任ではなく、御家人を含めた当時の武士が南北朝動乱後の武士と比べて地域権力として成長していなかったことにも要因がある。

最後に第三。地方機関への大幅な権限の委譲は、すなわち幕府中枢、そして、それを支配する特権的支配層の既得権益の削減、権力の低下を意味するからである。地方機関の権限強化の先にあるのは、地方機関の幕府中枢からの自立化であり、それは地方機関の幕府中枢との対立・抗争の可能性すらはらんでいる。これは、南北朝・室町期に繰り返された室町幕府と鎌倉府の対立がついには永享の乱をもたらしたことで容易に理解されよう。鎌倉幕府が六波羅探題・鎮西探題の特定家系での世襲を否定し、鎌倉から派遣する体制を採ったのは、これが理由であろう。

つまり、後期の鎌倉幕府は組織そのものと、組織の運用方法の両方に問題を抱えていたのである。組織自体の問題は、中央集権的構造が持ち込まれる課題を処理しきれなくなっていたことであり、運用面での問題は、組織が特権的支配層の利益のために稼働していたことである。

鎌倉後期、鎌倉幕府の進むべき道は、地方分権政策の推進しかありえなかった。しかし、中央集権をかたくなに維持しようとした鎌倉幕府は、ついに大胆な自己改革を成すことができなかったのであった。

「形の如く子細なき」政治

形式・先例偏重主義の政策

嘉元の乱以後鎌倉滅亡にいたる鎌倉幕府最後の二十八年は、寄合議制の完成期である。北条貞時晩年の延慶二年（一三〇九）四月時点で確認される寄合構成員は、

〔北条氏〕北条貞時（得宗）・北条師時（執権）・北条熙時・金沢貞顕・大仏宗宣（連署）
〔文　士〕長井宗秀・太田時連
〔外　様〕安達時顕
〔御内人〕長崎円喜・尾藤演心

の十名であった。この二年後、応長元年（一三一一）十月二十六日、貞時は四十一歳で没

した。『保暦間記（ほうりゃくかんき）』には、次のような記事がある。

彼（かの）内管領長崎入道円喜ト申ハ、正応ニ打レシ平左衛門入道（頼綱）カ甥子光綱（長崎）、又高時カ舅秋田城介時顕（安達）、彼ハ弘安ニ打レシ泰盛入道覚真カ舎弟加賀守顕盛カ孫也、彼等二人ニ、貞時世事置タリケレバ、申談シテ如形子細ナク年月送ケリ、

貞時は臨終に際して長崎円喜と安達時顕の二人に「世事」（政務）を託し、ゆえに高時政権は円喜・時顕両人の談合によって「形の如く子細なく」（先例にしたがい形式通りに）運営されたというのである。

貞時の遺言が事実であるかどうかはわからない。だが、高時政権が円喜・時顕の主導により「形の如く子細なく」運営されたことは史実である。たとえば、正和五年（一三一六）の高時（たかとき）の執権就任は、寄合における円喜・時顕両人の決定により、貞時の先例にしたがい七月十日と決定されている（「金沢貞顕書状」〈『金沢文庫文書』一三五〉）。

「形の如く子細なく」という言葉は、高時政権の本質を的確に表現している。最もわかりやすい事例は、高時の官職歴である。時宗（ときむね）・貞時・高時三代の得宗の官職歴は、きわめてよく似ている。

七歳　元服

十歳前後　叙爵（従五位下に叙すこと）・左馬権頭任官（時宗十一歳・貞時十二歳・高時九歳）
十四歳　執権就任（時宗のみ連署）
十五歳　相模守任官

しかも高時は、時宗の就任・任官した小侍所別当と但馬権守にも時宗とほぼ同年齢でなっている。小侍所別当は時宗十歳・高時九歳、但馬権守は時宗十五歳・高時十四歳である。これは高時期には得宗の官職歴（出世コース）が時宗を先例として定まっていたことを示している。

さらに注目されるのは、高時の執権就任である。時宗の文永元年（一二六四）十四歳での連署就任は、彼の眼代（代理）であった執権赤橋長時が没したためであり、偶然である。貞時の弘安七年（一二八四）十四歳での執権就任も、前執権であった父時宗が没したためで、やはり偶然である。しかし、高時の正和五年十四歳での執権就任はまったく必然性がない。高時が九歳であった応長元年に貞時が没した時の執権は大仏宗宣であった。宗宣が正和四年七月、病により辞職すると普音寺基時が就任した。そして翌年七月、基時は在職一年にして高時に執権を譲るのである。この経過から、高時政権首脳部が十四歳になるまで高時の執権就任を待っていたことがわかる。

時宗の場合、十四歳の時は連署に就任して形式を整え、実務能力のある程度期待できる十八歳になってから執権に就任しており、家格重視は言うまでもないが、それでも実務能力がいちおうは考慮されていた。これが貞時になると、十四歳でいきなり執権になっており、実務能力をまったく考慮しない完全な家格人事であった。そして、高時になるとわざわざ中継ぎの執権を置いて十四歳になるまで執権就任を待つということになる。形式・先例偏重主義が次第にエスカレートしていったことがわかる。

乗っ取られた幕府

また、長崎円喜・安達時顕が指導者となったことも、「形の如く子細な」き政治、高時政権の形式・先例偏重主義を示している。高時政権における北条高時・長崎円喜・安達時顕の関係は、時宗政権における北条時宗・平頼綱・安達泰盛の関係を再現したものなのである。

円喜は幕府侍所所司と得宗家公文所執事に世襲的に就任する長崎氏の当主であり、高時政権では二人の息子高貞と高資がおのおの幕府侍所所司と得宗家公文所執事を務めていた。時顕は高時の外戚（妻の父）である。そして、両人はともに寄合衆であった。よって両人の権力基盤は、表面的には役職や得宗との私的関係にあったように見える。しかし、長崎氏は平禅門の乱で、安達氏は霜月騒動で、ともにいったん滅亡し、傍流によって再興された家なのである。

最末期鎌倉幕府中枢には、幕府侍所所司・得宗家執事は長崎氏でなければならず、得宗外戚は安達氏でなければならず、長崎氏と安達氏は寄合の指導者として得宗を支える家でなければならないという時宗政権を先例とする不文律があったのである。長崎円喜・安達時顕の真の権力基盤は、長崎氏と安達氏の家格と伝統であったのである。

円喜・時顕が主導する高時期の寄合は、人事権・闕所処分権・官途推挙権など鎌倉幕府の全権力を集中させていた。『太平記』『保暦間記』などの記事から、高時は飲酒・田楽・闘犬に惑溺する「頗亡気ノ体ニテ、将軍家ノ執権モ難叶カリ（まったく愚かで、将軍の執権などとてもつとめられない）」「正体無（正気でない）」（『保暦間記』）人物とされているが、そもそも嘉元の乱以降の鎌倉幕府は得宗の政治力を必要とする体制ではなかった。得宗は将軍と同様にただ存在すればよい装飾的存在であり、幕政は寄合の合議によって運営されていたのである。

家格と伝統を権力基盤とするのは、長崎・安達両氏だけではない。それは特権的支配層すべてに共通するものである。家格と伝統を権力基盤とする特権的支配層にとって、最も大切なのは現状の維持であり、ゆえに先例と形式が重んじられ、政治は儀式化する。

とはいえ、特権的支配層の先例主義は、表面的なものであったことを見逃すべきではない。高時政権はたしかに時宗政権を先例とし、その再現をはかっていた。しかし、安達氏が得宗の外戚となったことは、特権的支配層が時宗政権の表面だけを模倣し、時宗の真意を無視したことを示している。時宗が嫡子貞時の正妻に安達氏ではなく姪を選んでいたことを無視しているからである。特権的支配層にとっての守るべき先例とは、彼らにとって都合のよい事例を過去から選び取ったものであったのである。

前述のごとく、特権的支配層は全御家人の二・五％から三％にすぎない。しかも、これも前述したように特権的支配層は武士として非常に異質な存在であった。

鎌倉初期以来の権力闘争の勝利者である特権的支配層は、嘉元の乱によって、ついに得宗にも勝利し、鎌倉幕府の支配者となった。もはや彼らに対抗する勢力は存在しなかった。このような特権的支配層にとっては、一般御家人は支持基盤ではなく、被支配者であり、収奪の対象であった。よって特権的支配層は御家人の利益を保護する必要はない。彼らは自身の権益を維持・拡大するための政治をすればよいのである。

高時政権にも内部抗争は勃発した。嘉暦元年（一三二六）三月の高時出家に際し、高時の同母弟泰家と北条氏庶家の長老金沢貞顕が執権職を争った嘉暦の騒動、元徳三年（一三三一）七月、高時が得宗家執事長崎高資の討伐をはかって失敗した元徳の騒動などである。しかし、これらは閉鎖的な鎌倉政界内部におけるまさにコップの中の争いであり、政治体制の変化をもたらすようなものではなかった。

豪族層を含めた一般御家人からすれば、一握りと言うよりも一つまみの、しかも異質な人々が鎌倉幕府の中枢部を独占したのである。特権的支配層という寄生生物に乗っ取られた鎌倉幕府は、御家人にとっては特権的支配層が彼らを利用し抑圧し彼らの財産を奪うための機構と化したのである。

しかし、この鎌倉幕府の変質は、きわめて長期の間に徐々に進行したものであり、しかも鎌倉幕府は表面上御家人の利益を保護する機構であったから、御家人たちは末期鎌倉幕府の「おかしさ」になかなか気付かなかった。「何かが、おかしい」と思いつつ、その「何か」が、ずっとわからなかったのである。

御家人たちが彼らの敵をはっきりと認識する契機は、王朝からもたらされるのである。

元弘の乱

幕府を頼る王朝

承久（じょうきゅう）の乱の敗北以後、王朝は統治能力を急速に減退させていき、京都と畿内近国の治安維持すらも六波羅探題（ろくはらたんだい）に依存するようになった。これに加え、鎌倉中期以降、在地勢力の成長により、寺社本所の荘園支配は動揺し始める。この社会変動の最も先鋭化した形が悪党の跳梁（ちょうりょう）である。悪党の活動に手を焼いた荘園領主の突き上げを受けた王朝は、その討伐を鎌倉幕府に依頼し、軍事権門として国家の治安維持を担当する鎌倉幕府は王朝の要請に応え、悪党討伐を繰り返した。また、南都（なんと）・北嶺（ほくれい）（興福寺・延暦寺）の大寺社は自己の要求を通すため京都への強訴（ごうそ）を繰り返し、これにもなす術なき王朝は、対応を鎌倉幕府に委ねた。その結果、六波羅探題や東使（とうし）（鎌倉幕府から王朝に派遣される使者）の軍勢が強訴の集団と軍事的に衝突し、これを咎められて六波羅探題や東使が責任を追及されるという理不尽な事態も繰り返される。東使が配流処分を受けたことすらある。

また、荘園制の動揺は本所（荘園領主）間訴訟の増加をもたらしたが、王朝はその調停すらできず、解決を鎌倉幕府に頼る。たとえば、弘安年間（一二七八〜八八）の興福寺領大隅荘と石清水八幡宮領薪荘の境相論（境界争い）において、朝廷は調停機能を喪失して解決を鎌倉幕府に委ね、訴訟は弘安五年（一二八二）末の鎌倉幕府の裁許により、両荘がともに関東御領（鎌倉将軍の直轄領）となることで終結しているのである。

さらに後嵯峨天皇以後、天皇家は大覚寺統・持明院統の二統に分裂し、皇位継承を巡って両統は激しい幕府への接近競争を繰り広げる。かつて保元元年（一一五六）の保元の乱において後白河天皇は兄崇徳上皇の勢力を軍事力によって駆逐したが、鎌倉後期の天皇家と王朝にはそのような自己解決の力すらなく、ひたすら鎌倉幕府を頼ったのである。

後醍醐の登場

このような状況の下で王朝には後醍醐というきわめて特異な個性を持つ天皇が登場する。大覚寺統第二代後宇多の皇子に生まれた後醍醐は、兄後二条の早世により、甥（後二条の皇子）邦良親王への中継ぎとして即位したもので、鎌倉幕府の存在を前提とする両統迭立下では子孫に皇位を譲ることは不可能であった。このような立場であったとはいえ、それが一挙に倒幕という過激な発想につながった点が後醍醐の特異な人格をよく示している。

　しかも後醍醐の倒幕計画は、これで幕府打倒が可能だと本気で思っていたかを疑いたくなるほどに杜撰なものであり、実際、近臣の密告によって発覚する。正中元年（一三二四）九月の正中の変である。鎌倉幕府は事件の穏便な解決を選び、責任を近臣にかぶせ後醍醐への追及を控えた。しかし、後醍醐は事件から何ら学ぶことなく、二度目の倒幕計画に邁進する。これもまた一度目と同様の杜撰な計画であり、またしても密告によって露見する。元弘元年（一三三一）四月の元弘の変である。幕府は怒り、後醍醐を承久の乱における後鳥羽上皇の先例により隠岐に配流した。

　しかし、この処分は、前回と違う展開を引き起こした。

　後醍醐の皇子尊雲法親王が父の倒幕運動を引き継いだのである。尊雲は手勢とともに畿内近国の山岳地帯に籠もり、やがて還俗して大塔宮護良親王を名乗って幕府軍を相手にゲリラ戦を開始した。これに対し、幕府は正規軍の大量投入によって、反幕ゲリラを押し潰そうとした。

護良、そして彼に呼応した楠木正成（くすのきまさしげ）らの反幕勢力が戦術として山岳ゲリラ戦を採用したことは、とりもなおさず彼らの兵力が幕府軍に比してきわめて少数であったことを示している。だが、ゲリラ戦が正規軍を相手に長期間の抗戦を可能とする戦法であることは古今東西を問わない。護良らのゲリラ部隊は、幕府の大軍を終わりの見えない持久戦の泥沼に引きずり込んで行った。

『太平記』に記された、攻めるに難い険峻な山城を拠点に山岳地帯を転戦するという護良・正成らの戦術、特に物資調達など必要不可欠な理由で本隊を離れ孤立した少勢の敵を急襲し損害を与えたならば即座に退却する、いわゆる「ヒット・エンド・ラン戦法」は、ゲリラ戦の典型であり、これに対し戦力の逐次投入を漫然と繰り返した幕府軍は、たいした戦果を上げられぬままにジワジワと心身両面を消耗させられていったのである。

ゲリラ戦を遂行するためには、拠点地域における広範な勢力の支持が不可欠である。護良・正成らの抗戦を支えたのは、いかなる勢力であったのか。正成が「悪党楠（ママ）兵衛尉（ひょうえのじょう）」（正慶元年六月付「山城臨川寺領目録」〈『天龍寺文書』〉）と名指しされていたこと、彼らの戦術が悪党のそれに通じるものであったことは、よく知られている。護良・正成らの支持勢力の一つが鎌倉中期以来、幕府の討伐対象となった悪党勢力であったことは明らかである。

そして、南北朝動乱の初期、南朝を苦しめた高師直(こうのもろなお)率いる足利尊氏(あしかがたかうじ)直轄軍団が畿内近国の新興武士勢力によって構成されていたことも周知の事実である。師直軍団に結集した新興武士たちとは、鎌倉期の悪党の系譜を引く人々であったと考えられる。とすれば、鎌倉幕府は本来であれば自身の支持勢力となるべき人々を鎌倉中期以来、王朝の言うがままに討伐し続けていたことになる。

ゲリラ戦を遂行しつつ、護良は「伊豆国在庁時政(北条)子孫高時(北条)法師」（元弘三年四月一日付「護良親王令旨」〈『熊谷家文書』〉）の不忠と暴政を非難し、その討伐を命じる令旨(りょうじ)（皇族の命令書）を全国にバラ撒いた。かつて承久の乱に際し、後鳥羽上皇が倒幕宣旨(せんじ)で北条義時(ほうじょうよしとき)追討を命じたことが想起される。王朝の戦略は百十年の年月を隔てて変わらなかった。

しかし、ゲリラ討伐戦の泥沼化とそれによる軍事的・経済的負担にあえぐ中で護良の飛ばした檄(げき)を知った御家人たちは、真の敵が誰であるかにはっきりと気付いたのではないだろうか。

かつて承久元年（一二一九）、寵姫の所領の地頭改易を命じる後鳥羽の要求を北条義時は峻拒し、これが承久の乱の発端となった。義時率いる当時の鎌倉幕府は御家人の権益を守るためには、朝敵の汚名をこうむることも、上皇と戦うことも辞さなかった。

だが、元弘三年の鎌倉幕府は承久元年の鎌倉幕府とは、もはやまったく異なるものとなっていた。その事実に御家人たちは気付いたのではないか。

鎌倉幕府の変質に御家人たちが気付いた時、鎌倉幕府、そして特権的支配層に明日はなかったのである。

気付いた御家人たち

鎌倉幕府は、平安期およそ三百年にわたり、殺し合い・潰し合いを繰り返しながら成長してきた東国武士たちが、大同団結を果たすことにより作り上げたわが国最初の本格的な武家政権であった。結集した東国武士団の軍事力を原動力に、鎌倉幕府は王朝と戦い、王朝から領域と諸権限を次第に奪取し、承久三年（一二二一）の戦いに勝利することによって、ついに王朝を圧倒した。

ところが、命を懸けて鎌倉幕府を作り・育て・守った東国武士たちの子孫である鎌倉後期の御家人の大半は、幕府の変質、特権的支配層の幕府支配によって、政権中枢から排除されてしまう。その一方で、鎌倉番役（ばんやく）・京都大番役（おおばんやく）・異国警固番役や各種の造営事業などの軍事的・経済的負担は彼らに課せられ続けた。

かてて加えて、前述したごとく西国を統治すべき王朝は、承久の乱の敗北により鎌倉時代を通じて統治能力を急激に衰退させていく。これは王朝によって処理されるべき西国の問題に対し、王朝側が幕府の介入を要請する結果をもたらした。「武家政権」「東国政権」という鎌倉幕府の本質からすれば、西国の諸問題は本来関わる必要のない、言ってしまえば「どうでもよいこと」である。一般に幕府が将来の皇位継承順を決めたとされる文保(ぶんぽう)元年（一三一七）四月の「文保の御和談」も、実際は幕府が争う両皇統に「御和談」（話し合い）を呼びかけたにすぎない。しかしながら、後期鎌倉幕府は西国の諸問題に振り回され、その解決のために御家人への動員を繰り返すこととなったのである。「軍事権門」という、もう一つの側面こそ鎌倉幕府が西国問題に介入せざるをえなかった要因である。

　鎌倉幕府は、体力的には東国の地方政権以上のものではなかった。にもかかわらず、国家の治安を一手に引き受ける軍事権門として自己を規定してしまったため、能力を超えて対蒙古戦争を含めた西国の問題に介入せざるをえなかった。現実としては東国政権にすぎなかった鎌倉幕府自身が、いわば身の程知らずの権門体制論者であったのである。

　源平合戦は、特に東国において平安中期以来の抗争の結果、所領分割の行き詰まった武家社会において、各武士団間にあったそれまでの秩序をいったん御破算とし、新たな秩序を構築するための「いっせい殺し合い」であったと言うことができる。すなわち、源平合戦期の武士団は、源頼朝(みなもとのよりとも)に与(くみ)するのか、戦うのかの選択を迫られ、結果、勝者が敗者の遺産を総取りにして再分割し、それ以上の殺し合いを停止するために構築されたものこそ、鎌倉幕府＝御家人制という秩序であった。だが、百五十余年の歴史を経た結果、鎌倉幕府・御家人制は内外に大きな矛盾を抱え込んでしまう。武士階級そのものを御家人と非御家人に分裂させてしまったうえに、御家人内部では支配層と被支配層の分裂をもたらす。結果、特に西国では「無足(むそく)」と呼ばれる没落御家人が発生し、東国の御家人たちは鎌倉幕府が西国の諸問題に対応するために、充分な見返り（御恩）を与えられぬまま、軍事的・経済的な負担（奉公）のみを強いられる。

解決の道は、武家社会の現実に適合した御家人制の根本的な改革しかありえなかったであろう。全国の武士に御家人となる道を開くことによって、武士階級のすべてを鎌倉幕府に取り込み、全国の武士のニーズに的確・迅速に対応するために守護・探題といった地方機関に支配権を分与する——つまりは、室町幕府的な体制への移行しかなかったのではないか。しかし、このような試みとして唯一のものであった弘安七年（一二八四）五月に始まった幕政改革「弘安徳政」は、翌弘安八年十一月に勃発した鎌倉幕府史上最大の内戦「霜月騒動(しもつきそうどう)」によって、改革推進者安達泰盛(あだちやすもり)とともに葬られ、二度と試みられることはなかった。御家人制の改革は、中央集権的な幕府機構に寄生する特権的支配層の利益に反したからである。以後の幕政改革はすべて小手先のものに終わり、そのまま鎌倉滅亡を迎える。

鎌倉幕府を滅ぼした元弘の乱に事実上始まる南北朝の動乱は、武士たちにとっては新たな武家社会の秩序を構築するための、二度目の、そして、一度目（源平合戦）よりもはるかに熾烈で長い「いっせい殺し合い」であった。

元弘三年（一三三三）五月二十二日、無敵であったはずの鎌倉幕府は、ほとんど東日本中の武士の総攻撃を受ける形で滅亡する。

北条高時とともに東勝寺に自刃した主な人々は、北条氏には金沢貞顕、常葉範貞、大仏家時ら。文士に摂津親鑒・高親父子。外様に安達時顕。御内人に長崎円喜、諏訪直性。鎌倉滅亡は、北条氏の滅亡ではなく、特権的支配層の滅亡であった。寄生生物（特権的支配層）は、みずからの発する毒素によって宿主（鎌倉幕府）を衰弱させ、宿主とともに滅び去ったのである。

そして動乱の彼方に——エピローグ

元弘の乱は鎌倉滅亡の戦いであったと同時に、長い戦乱の時代の幕開けでもあった。わずか三年で倒壊した建武政権下でも北条余党の乱が連続し、建武政権の倒壊は南北朝内乱を引き起こした。南北朝合体後も戦乱は止むことなく、内乱の終結は応永六年（一三九九）の応永の乱終結を待たねばならない。したがって、内乱の時代は元弘元年（一三三一）から応永六年にいたる六十八年間に及んだ。

この長い内乱をかいくぐって成立した室町幕府は、地方分権による間接統治の体制を取る。内乱の過程で管国に対する支配権を大幅に認められた守護は、それを梃子に管国に住する武士（国人）たちを自己の従者とし、管国を自己の世襲分国とするいわゆる「守護大名」へと成長した。また、出羽に羽州探題、陸奥北・中部は奥州探題、陸奥南辺には篠川御所と稲村御所、関東には鎌倉府という広域支配機関が設置される。鎮西九ヵ国の支配を任されるはずであった九州探題は早く衰滅したが、同地域では島津・大友・少弐三大守護家の支配が強化されていった。そして、畿内近国を直轄地域とする室町幕府の支配層となったのは、後世「三管四職（三管領四職）」と称されることとなる斯波・畠山・細川・山名・一色・赤松・京極の七家に代表される西国守護たちであった（守護体制の上に乗っている点では、鎌倉府も幕府本体と同様であった）。このような室町幕府の体制は、鎌倉幕府が成しえなかった武家政権の中央集権制から地方分権制への転換であった。

特権的支配層に属した家々のうち、文士では摂津・二階堂・清原・長井・太田・矢野など多くが生き残り、建武政権を経て室町幕府でも評定衆・奉行人などを世襲するようになる。武士でも、佐々木京極氏は「三管四職」の一つとなり、宇都宮氏は下野の豪族として鎌倉時代と変わらず存続した。

しかし、室町幕府では初期を除いて、文士系の家々は政権中枢に地位を築くことはなく、宇都宮氏も鎌倉府・幕府双方において政権中枢に入ることはなかった。残る京極氏は、たしかに室町幕府守護中最高位の家格に属したが、それを支えたのは南北朝内乱の中で手にした出雲・隠岐・飛騨三ヵ国守護職と実効支配を成し遂げた北近江という地方に構築した政治的・経済的基盤であって、それは鎌倉幕府の特権的支配層とはまったく異なる基盤であった。京極氏を含む室町幕府守護が分国を政治的・経済的基盤としていたことは、前述したように「三管四職」七大名家が室町時代当時、「三ヶ国四ヶ国守護」と称されていること（『満済准后記』永享三年八月三日条・同四年正月十九日条）に露骨なほどに示されている。

特権的支配層の血を引く者はその後も生き残ったが、特権的支配層は鎌倉幕府とともに滅びたのである。

そして、室町幕府は御家人制の枠を取り払うことにより、全武士階級を覆う階層秩序の形成に成功した。分国の国人を従者とした守護は、室町将軍の従者であった。また、室町将軍は鎌倉府の主である歴代の関東公方の元服に際し烏帽子親となり、室町将軍と関東公方の間には擬制父子関係が構築された。奥羽においては、篠川御所と稲村御所は衰滅したが、奥州探題大崎氏・羽州探題最上氏は実権を失いつつも長く生き残り、奥羽の武士たちは探題を頂点とする秩序を形成した。

嘉吉元年（一四四一）六月の六代将軍足利義教の暗殺（嘉吉の変）を契機として、室町幕府は地滑り的な衰退を始め、やがて世は戦国の時代を迎える。しかし、戦国の世にあっても、室町幕府的秩序は観念的側面を強めつつも武家社会の現実を律し続けた。天文二十一年（一五五二）、京極氏の庶流であり嫡家の下で長く出雲・隠岐両国守護代を務めてきた尼子氏が、出雲・隠岐・因幡・伯耆・備前・美作・備後・備中八ヵ国を実力で奪い取りながら、その支配権を公的に認められるためには、出雲・隠岐については嫡家京極氏の「惣領割分」を受けたうえでの将軍御判御教書を、残る六ヵ国についても将軍御判御教書を必要としたこと（『佐々木文書』所収同年四月二日付「足利義輝御判御教書」・同年六月二十八日付「室町幕府奉行人連署奉書」）は、象徴的である。

鎌倉滅亡は確かに一つの政権の終焉であったが、それは同時に幕府という政治体制が真の意味での武家政権となり、全武士階級を覆う階層秩序を形成するための階梯でもあったと言うことができる。

あとがき

本書は、卒業論文の最終章になる。昭和六十一年（一九八六）の年末、東洋大学に未完のまま提出した私の卒論は、本書の刊行をもって、やっと完成した。

別の言い方をすれば、卒論・修士論文・博士論文を含め、私がこれまで発表してきたすべての研究論文・研究書は、本書を書くための基礎作業であったと言ってよい。

私の自宅は東京都江戸川区にあるのだが、私が初めて鎌倉幕府に触れたのは、結核だった父方の伯父が療養していた神奈川県鵠沼の家であった。昭和四十一年、私が三歳の時、父母が伯父と祖母の世話をするために暮らしていたその家で、祖母と一緒に見たＮＨＫ大河ドラマ『源義経』である。この頃、牛若丸の絵本を読んでもらったり、祖母や父・母から牛若丸が鞍馬山中で烏天狗を相手に剣術の修行をしたという話や、弁慶の立ち往生の話を聞いていたのを覚えている。

四歳の時、江戸川区小岩の家に戻ってから、今もそこに住んでいる。

中学一年の時には、社会科（歴史）の授業で聞いた鎌倉幕府滅亡の様子が、鮮明に印象に残った。今思えば『太平記』が元ネタだったのだが、担当の先生が見た映画のクライマックスで、鎌倉滅亡に際し、燃える寺院（東勝寺なのであろうが、当時はもちろん知らなかった）の中で老若男女がお経を唱えつつ次々に自刃していったという話は、映像が目に浮かぶようであった。

大学受験の浪人中には、受験参考書で、鎌倉幕府には御家人のほかに北条氏得宗家に仕える御内人という人々がいたということや、鎌倉滅亡に際し大馬鹿者として有名な北条高時とともに自害した人々が八百人以上もいたということを、初めて知って軽い衝撃を受けた。

一浪の後、東洋大学文学部史学科に入学した私は、はりきってハンバーガー店員・床掃除・塾講師などのアルバイトを掛け持ちし、神田の古本屋街に通って新刊・古本を問わず本を買い漁り、読みまくった。その中に、黒田俊雄氏『蒙古襲来』（『日本の歴史』八、中央公論社、一九六五年）があった。この本によって、元弘三年（一三三三）五月の鎌倉攻防戦での犠牲者数を六千余人と『太平記』が記していること、昭和二十八年から東京大学人類学教室によっておこなわれた材木座の調査により九百十体の人骨が発掘され、『太平記』の記事が史実をかなり正確に伝えているらしいことを知り、これには心底驚嘆した。

史学科に進学したのは、小説家志望だったので歴史小説のネタを拾おうと思ったためなのであるが、右記のようないくつかの体験のせいか、私は卒論のテーマとして、鎌倉幕府の滅亡をごく自然に選んでいた。

「鎌倉幕府、何で滅びてしまったのだろう？　あんなに強かったのに」

ということである。

以来、この疑問に対する答を探し求めてきた。

本書は、やっと摑んだ私なりの答である。我ながら、歩みの遅さに呆れる。

プロローグにも記したように、この答が正しいものなのか、間違っているのか、自分では、わからない。それは、本書を読んでいただいた方々それぞれの評価に任せるしかない。

願わくは、正鵠（または、せめてその近く）を射ていてくれることを希望するが、それよりも本書が鎌倉幕府研究・日本中世史研究に少しでも役立ってくれること、そして本書をきっかけに鎌倉幕府に興味を持ってくれる人が現れてくれることを願う。

友達と原チャリ（原動機付き自転車）を乗り回して遊んでいた、歴史研究なんぞするとは思ってもいなかった東京下町の高校生が、進学した大学で卒論に選んだテーマを追いかけ続け、下町のオジさんになって、自分なりの答に辿り着けたというこれまでの私の研究生活は、歴史研究を志した者の中でも、ちょっと珍しいほど恵まれたものであったと思う。東洋大学の故金本正之先生、立正大学の百瀬今朝雄先生をはじめ、直接・間接にお世話になった多くの方々のお陰であると感謝している。

さて、昭和五十七年四月の学部入学から数えれば二十八年余、ずっと作り続けてきたジグゾー・パズルに、私は最後のピースをはめてしまった。

今度は、どこに行って、何をしようか？

明日は、明日の風が吹く。

平成二十二年十一月十一日

細川重男

参考文献

秋山哲雄　二〇〇六年　『北条氏権力と都市鎌倉』　吉川弘文館

秋山哲雄・細川重男　二〇〇九年　『討論 鎌倉末期政治史』　日本史史料研究会

網野善彦　一九七四年　『蒙古襲来』（『日本の歴史』一〇）　小学館

池田　瞳　二〇一〇年　「北条時宗・金沢実時期の小侍所―『吾妻鏡』を素材として―」　阿部猛編『中世政治史の研究』　日本史史料研究会

石関真弓　一九九四年　「得宗と北条氏一門―得宗専制政治の再検討のために―」『神戸大学史学年報』九

伊藤一美　二〇一〇年　「「北条貞時十三年忌供養」における回向仏事経営の一考察」　阿部猛編『中世政治史の研究』　日本史史料研究会

伊藤邦彦　二〇一〇年　『鎌倉幕府守護の基礎的研究』国別考証編・論考編　岩田書院

上横手雅敬　一九七〇年　『日本中世政治史研究』　塙書房

岡田清一　二〇〇六年　『鎌倉幕府と東国』　続群書類従完成会

奥富敬之　一九八〇年　『鎌倉北条氏の基礎的研究』　吉川弘文館

奥富敬之　一九八三年　『鎌倉北条一族』　新人物往来社

海津一朗　一九九八年　「鎌倉後期の国家権力と悪党」　悪党研究会編『悪党の中世』　岩田書院

筧　雅博　二〇〇一年　『蒙古襲来と徳政令』（『日本の歴史』一〇）　講談社
川添昭二　一九八三年　『九州中世史の研究』　吉川弘文館
熊谷隆之　二〇〇八年　「鎌倉幕府支配の展開と守護」『日本史研究』五四七
黒田俊雄　一九六五年　『蒙古襲来』（『日本の歴史』八）　中央公論社
黒田俊雄　一九七五年　『日本中世の国家と宗教』　岩波書店
小林一岳　二〇〇九年　『元寇と南北朝の動乱』（『日本中世の歴史』四）　吉川弘文館
小林清治・大石直正編　一九七八年　『中世奥羽の世界』　東京大学出版会
五味文彦　一九九二年　『武士と文士の中世史』　東京大学出版会
今野慶信　二〇〇四年　「鎌倉幕府と御家人―東国御家人を中心に―」　葛飾区郷土と天文の博物館編『鎌倉幕府と葛西氏』　名著出版
今野慶信　二〇〇七年　「藤原南家武智麿四男乙麻呂流鎌倉御家人の系図」　峰岸純夫・入間田宣夫・白根靖大編『中世武家系図の史料論』上　高志書院
今野慶信　二〇〇九年　「得宗被官工藤氏の基礎的考察」『鎌倉』一〇七
佐藤進一　一九七一年　『増訂鎌倉幕府守護制度の研究』　東京大学出版会
佐藤進一　一九八三年　『日本の中世国家』　岩波書店
佐藤進一　一九九〇年　『日本中世史論集』　岩波書店
佐藤進一　一九九三年　『鎌倉幕府訴訟制度の研究』　岩波書店
清水　亮　二〇〇七年　『鎌倉幕府御家人制の政治史的研究』　校倉書房

鈴木　尚　一九六〇年『骨―日本人の祖先はよみがえる―』学生社
鈴木　尚　一九六三年『日本人の骨』（『岩波新書』）岩波書店
鈴木由美　二〇〇六年「金沢貞冬の評定衆・官途奉行就任の時期について」『鎌倉遺文研究』一七
鈴木由美　二〇〇八年「北条貞時の妻」『段かづら』六
高橋典幸　二〇〇八年『鎌倉幕府軍制と御家人制』吉川弘文館
田中奈保　二〇〇六年「鎌倉期足利氏の経済事情」『早稲田大学大学院文学研究科紀要』五一―四
田中　稔　一九九一年『鎌倉幕府御家人制の研究』吉川弘文館
外山幹夫　一九七九年『中世の九州』教育社
中澤克昭　二〇〇八年「武家の狩猟と矢開の変化」井原今朝男・牛山佳幸編『論集東国信濃の古代中世史』岩田書院
福島金治　二〇〇六年『安達泰盛と鎌倉幕府』有隣堂
北条氏研究会編　二〇〇一年『北条氏系譜人名辞典』新人物往来社
北条氏研究会編　二〇〇八年『北条時宗の時代』八木書店
細川重男　二〇〇〇年『鎌倉政権得宗専制論』吉川弘文館
細川重男　二〇〇七年『鎌倉北条氏の神話と歴史―権威と権力―』日本史史料研究会
細川重男　二〇〇八年「降臨の時」『ぶい&ぶい』五
細川重男　二〇〇九年「莫若」『ぶい&ぶい』六
細川重男　二〇一〇年「摂津と京極―鎌倉・室町両武家政権支配層の相違点―」阿部猛編『中世政治

史の研究』 日本史史料研究会
細川重男 二〇一一年 「「霜月騒動」再現」『ぶい&ぶい』一七
前田治幸 二〇〇八年 「弘安七・八年の「相模四郎」について」『ぶい&ぶい』三
前田治幸 二〇〇八年 「鎌倉幕府支配層の経済力―冥道供の勤修を題材として―」『寺院史研究』一二
前田治幸 二〇一〇年 「鎌倉幕府家格秩序における足利氏」 阿部猛編『中世政治史の研究』 日本史史料研究会
ミハイル・S・ヴォスレンスキー（佐久間穆・船戸満之訳） 一九八一年 『ノーメンクラツーラ―ソヴィエトの赤い貴族―』 中央公論社
村井章介 二〇〇一年 『北条時宗と蒙古襲来』（『NHKブックス』） 日本放送出版協会
村井章介 二〇〇五年 『中世の国家と在地社会』 校倉書房
桃崎有一郎 二〇一〇年 「鎌倉幕府の秩序形成における拝賀儀礼の活用と廃絶―鎌倉殿・御家人・御内人と拝賀―」 阿部猛編『中世政治史の研究』 日本史史料研究会
森 幸夫 二〇〇五年 『六波羅探題の研究』 続群書類従完成会
保永真則 二〇〇四年 「鎌倉幕府の官僚制化―合理化・効率化の必要と組織運営の変化―」『日本史研究』五〇六
湯浅治久 二〇〇五年 「「御家人経済」の展開と地域経済圏の成立―千葉氏を事例として―」 五味文彦編『中世都市研究』一一 新人物往来社
細川重男 ホームページ「日本中世史を楽しむ♪」http://nihonshi.sakura.ne.jp/shigeo/index.html

参考系図

〔凡例〕

1 実線は親子関係、点線は養親子関係、＝は婚姻関係を示す。

2 各系図に共通する記号は次のことを意味する。
(寄)＝寄合衆、(執)＝執権、(連)＝連署、(北)＝六波羅北方探題、(南)＝六波羅南方探題、(西)＝鎮西探題、(頭)＝引付頭人、(評)＝評定衆、(引)＝引付衆、(越訴)＝越訴頭人、(寺社)＝寺社奉行、(恩沢)＝恩沢奉行、(京下)＝京下奉行、(御所)＝御所奉行、(安堵)＝安堵奉行、(官途)＝官途奉行、(執事)＝得宗家執事、(侍所)＝鎌倉幕府侍所所司、(東)＝東使（幕府が朝廷に送る使者）、(六頭)＝六波羅引付頭人、(六評)＝六波羅評定衆、(雑)＝雑訴決断所結番衆（建武政権）、(廂)＝関東廂番（建武政権）、(奥)＝奥州式評定衆（建武政権）、(室評)＝室町幕府評定衆

3 安東氏は現段階では詳しい系図の復元が困難であるため掲出せず。

(1) 天皇家・親王将軍系図

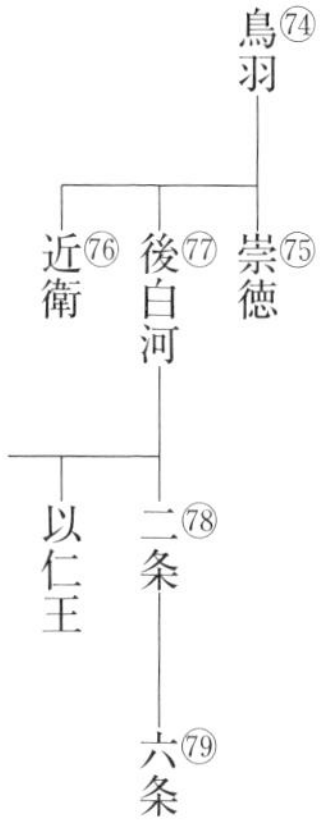

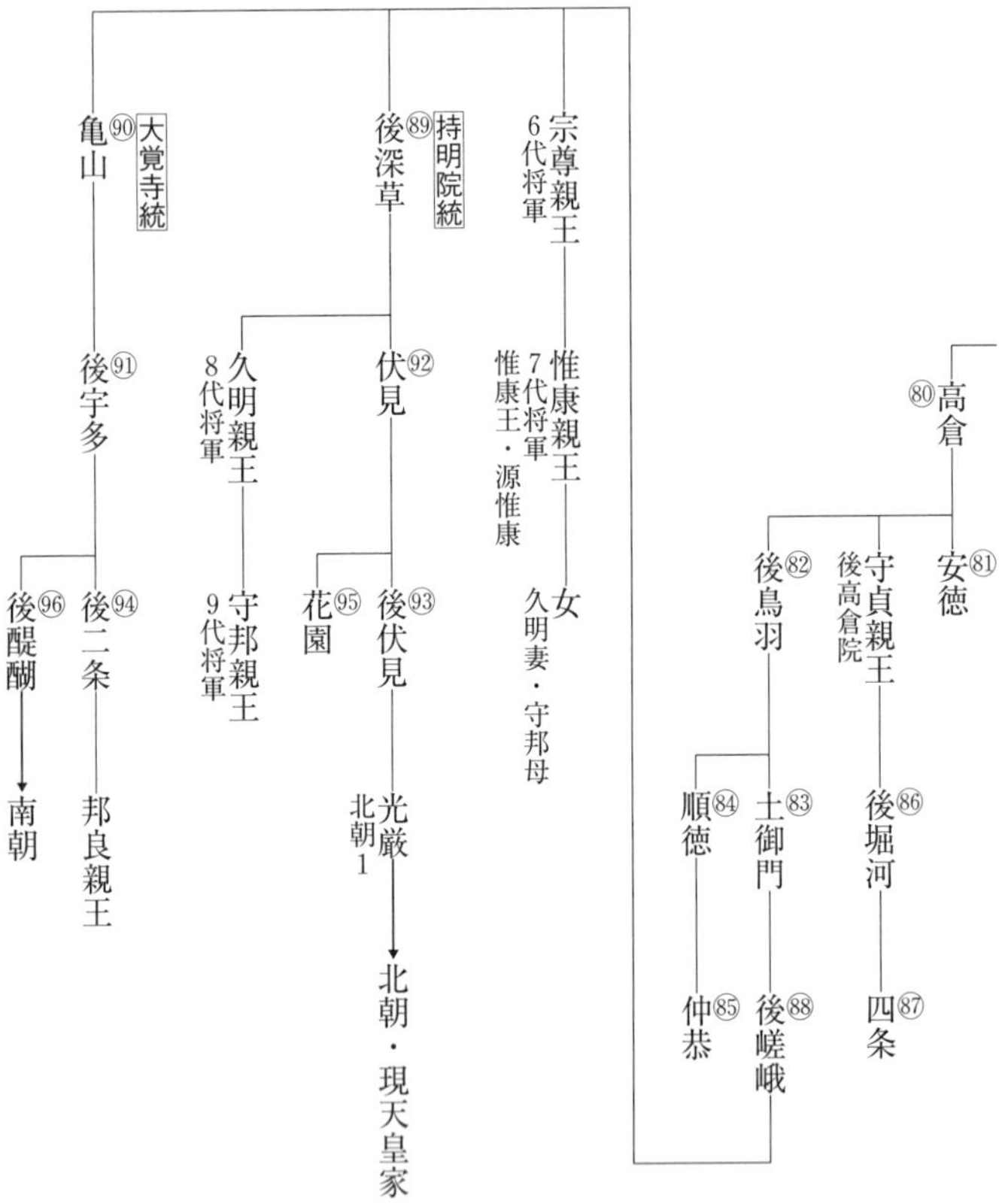
⑧⓪高倉
安徳⑧①
守貞親王
後高倉院
後鳥羽⑧②
後堀河⑧⑥
四条⑧⑦
土御門⑧③
順徳⑧④
後嵯峨⑧⑧
仲恭⑧⑤
宗尊親王
6代将軍
惟康親王
7代将軍
惟康王・源惟康
女
久明妻・守邦母
後深草⑧⑨
持明院統
伏見⑨②
久明親王
8代将軍
後伏見⑨③
花園⑨⑤
守邦親王
9代将軍
光厳
北朝1
北朝・現天皇家
亀山⑨⓪
大覚寺統
後宇多⑨①
後二条⑨④
後醍醐⑨⑥
邦良親王
南朝

（2）源氏将軍・摂家将軍系図

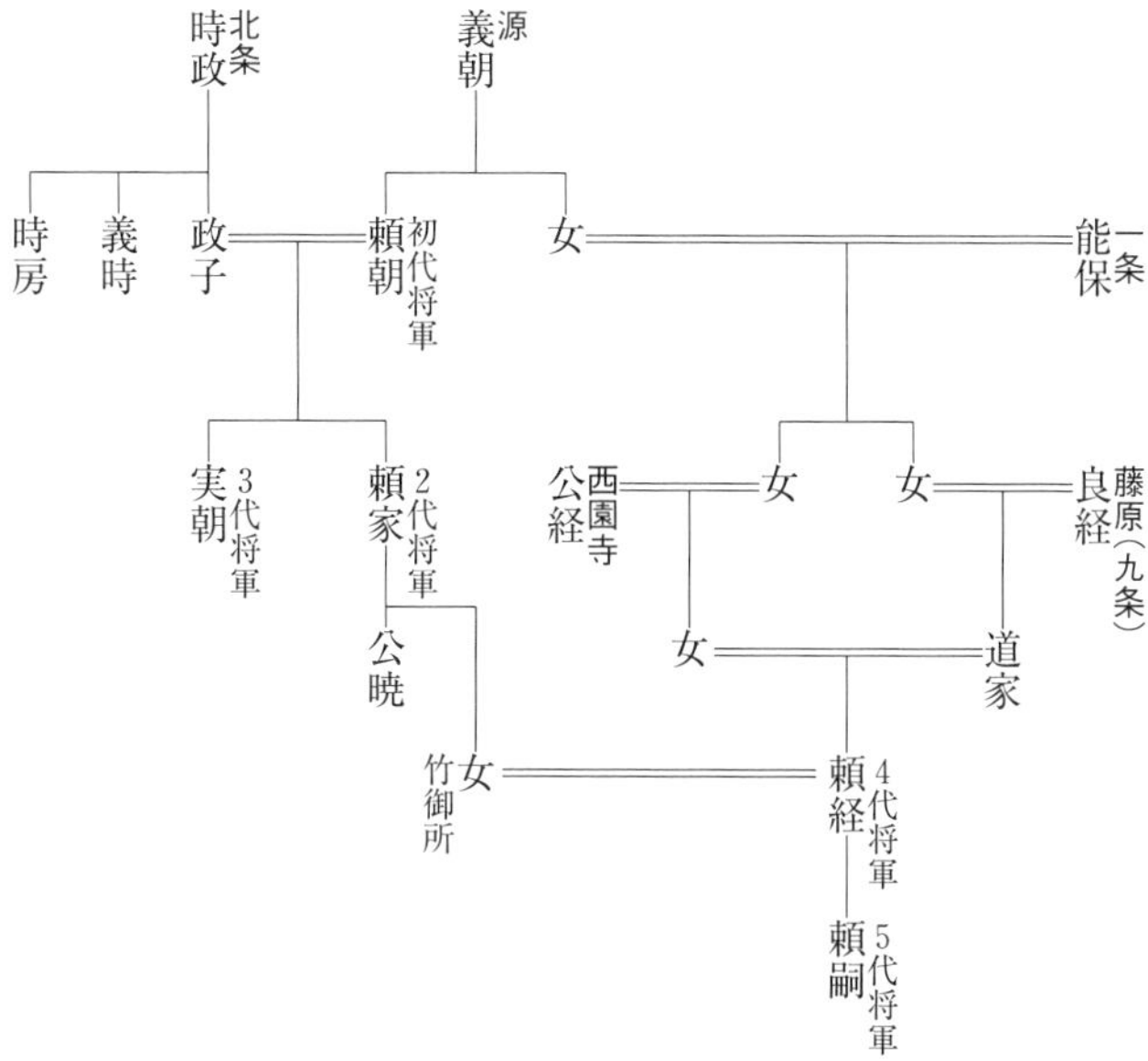

(3) 北条系図

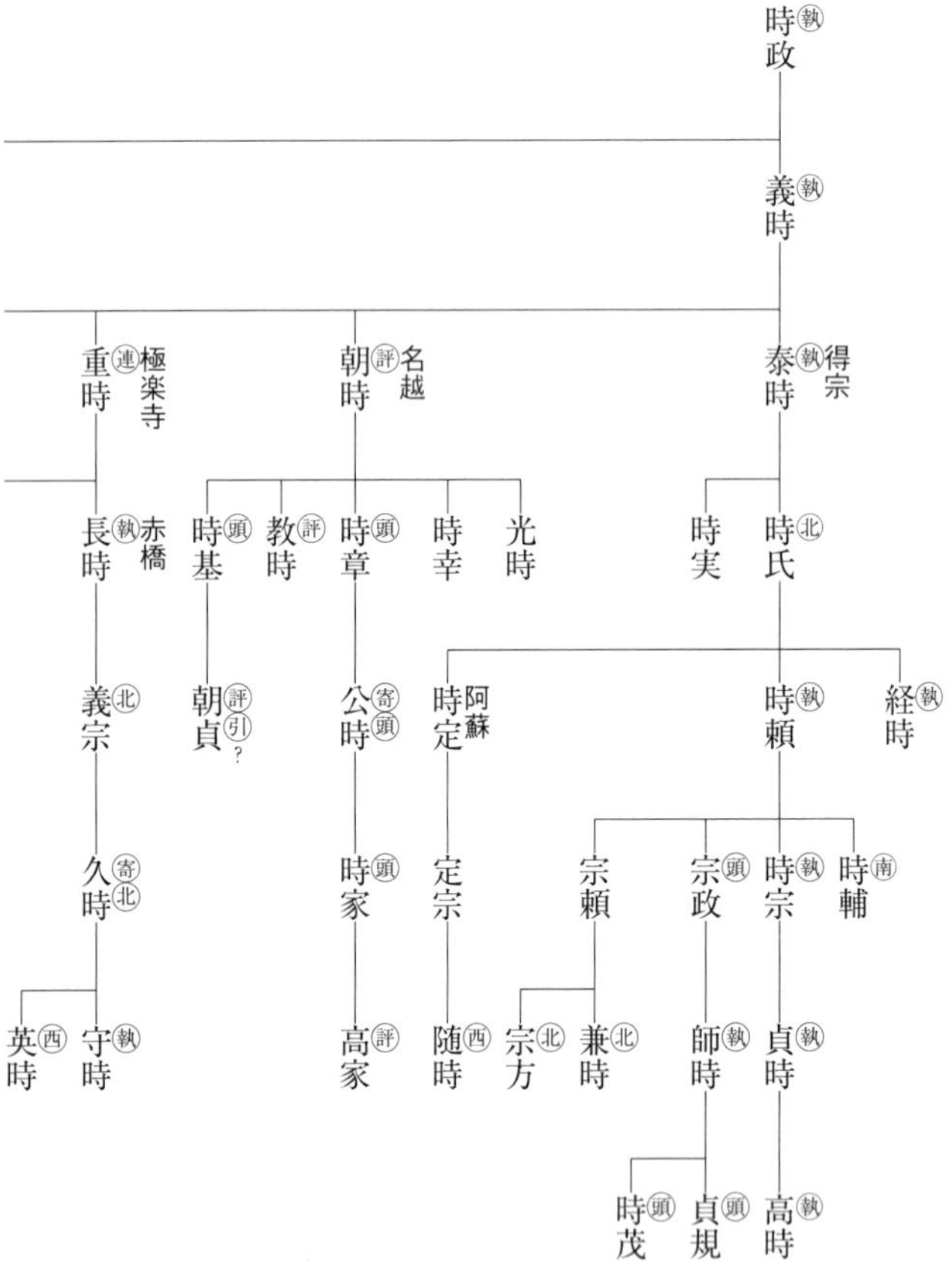

時政 執
義時 執
泰時 執 得宗
朝時 評 名越
重時 連 極楽寺
時氏 北
時実
光時
時幸
時章 頭
教時 評
時基 頭
長時 執 赤橋
経時 執
時頼 執
時定 阿蘇
公時 寄 頭
朝貞 評 引 ?
義宗 北
時輔 南
時宗 執
宗政 頭
宗頼
定宗
時家 頭
久時 寄 北
貞時 執
師時 執
兼時 北
宗方 北
随時 西
高家 評
守時 執
英時 西
高時 執
貞規 頭
時茂 頭

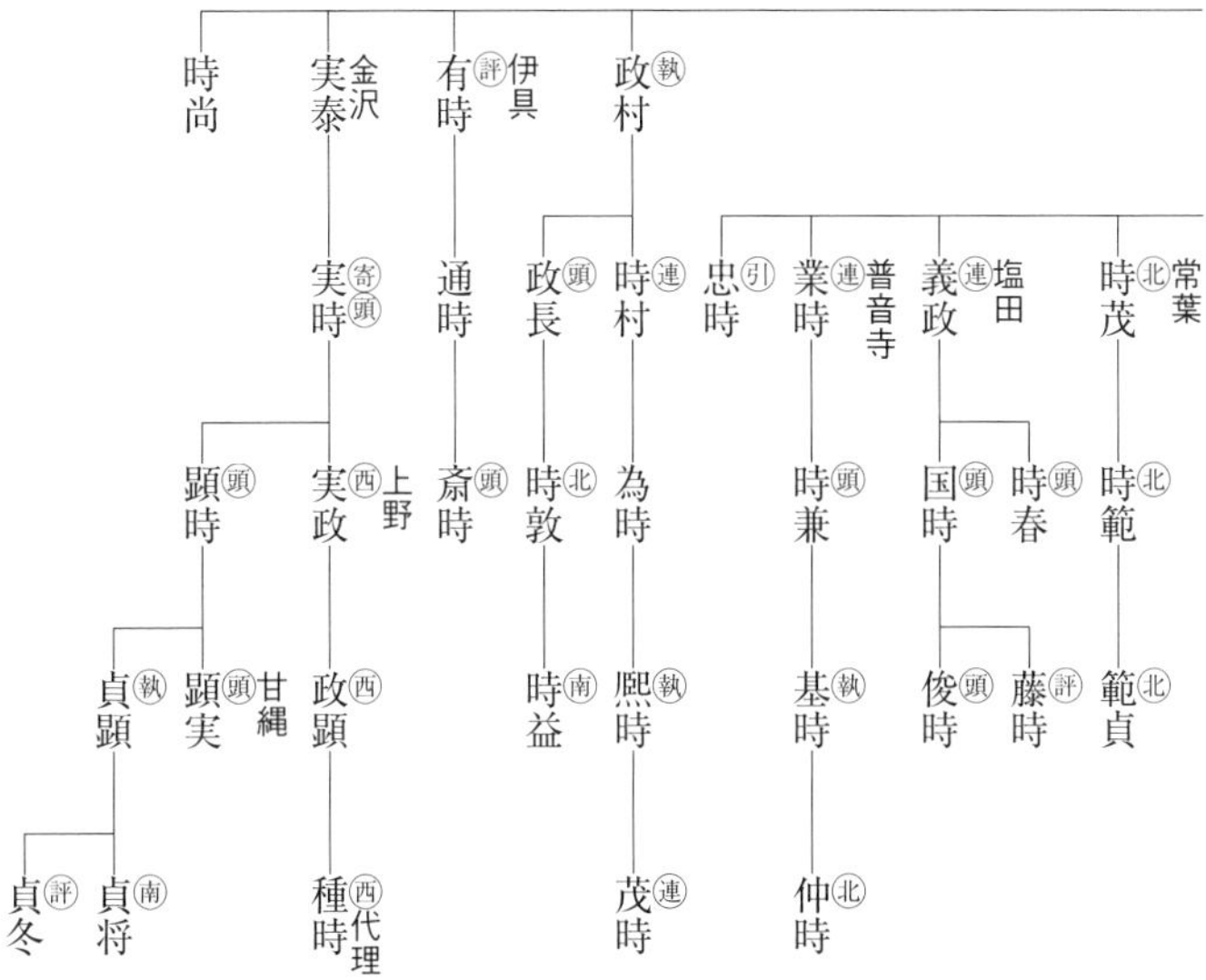

時尚
金沢 実泰
伊具 有時(評)
政村(執)
実時(寄)(頭)
通時
政長(頭)
時村(連)
忠時(引)
普音寺 業時(連)
塩田 義政(連)
常葉 時茂(北)
顕時(頭)
上野 実政(西)
斎時(頭)
時敦(北)
為時
時兼(頭)
国時(頭)
時春(頭)
時範(北)
貞顕(執)
甘縄 顕実(頭)
政顕(西)
時益(南)
熙時(執)
基時(執)
俊時(頭)
藤時(評)
範貞(北)
貞冬(評)
貞将(南)
種時(西代理)
茂時(連)
仲時(北)

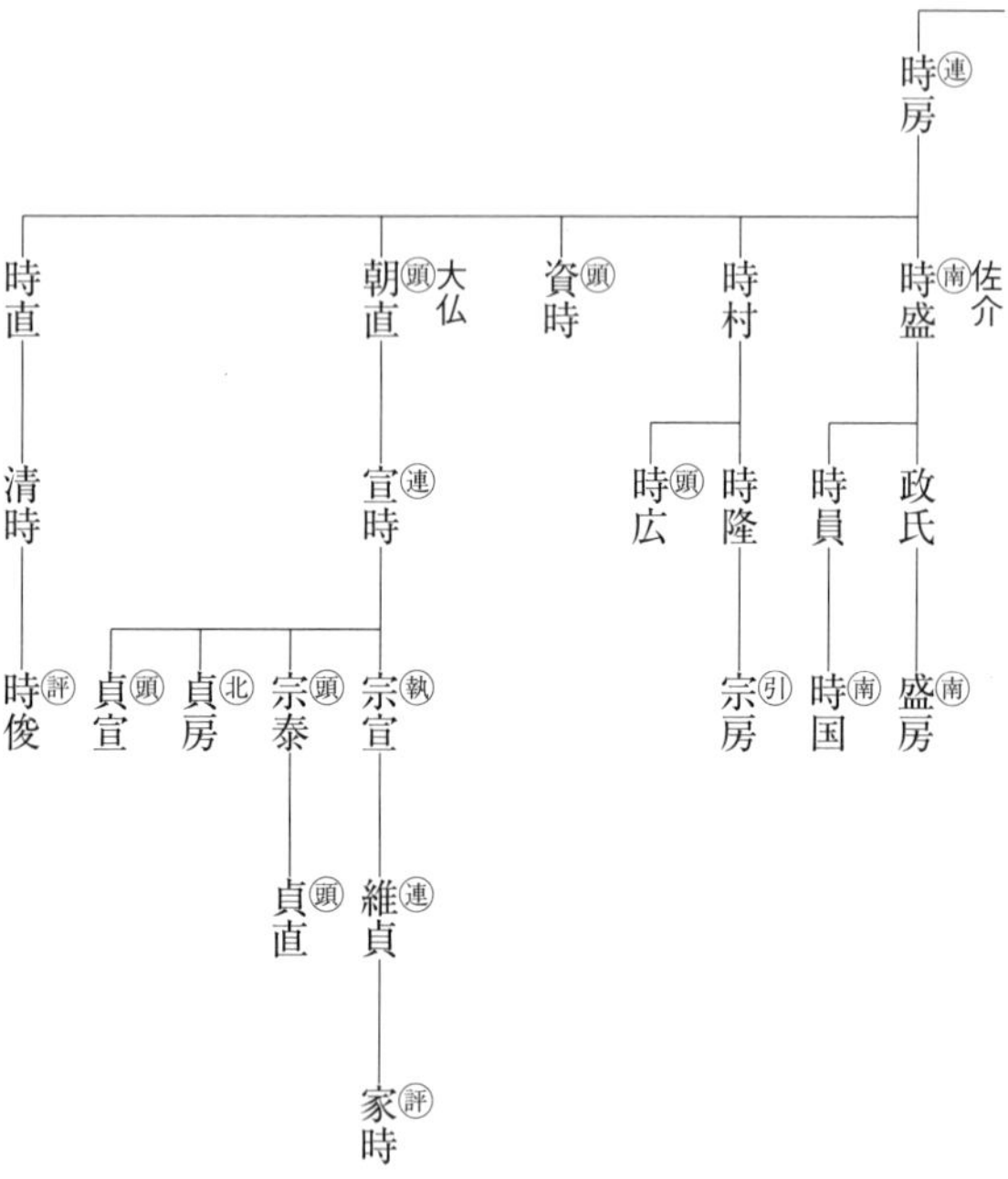

(注)　二つ以上の職に就任した者については、原則として代表的な役職一つのみを記した。

(4) 広元流大江系図

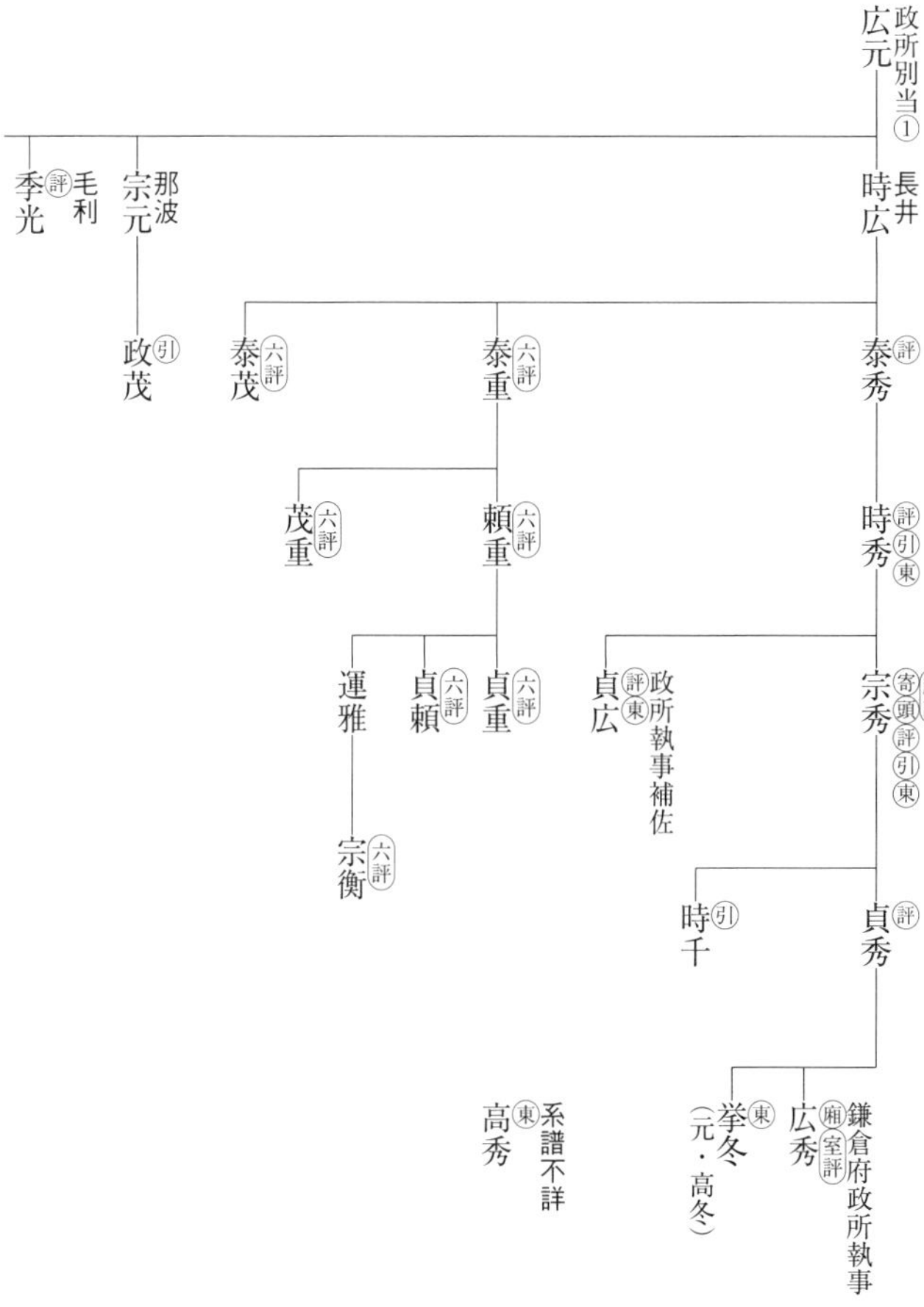
広元 政所別当①
時広 長井
宗元 那波
季光 毛利 評
泰秀 評
泰重 六評
泰茂 六評
政茂 引
時秀 評 引 東
頼重 六評
茂重 六評
宗秀 執奏 越訴 寄頭 評 引 東
貞広 評 東 政所執事補佐
貞重 六評
貞頼 六評
運雅
宗衡 六評
貞秀 評
時千 引
広秀 鎌倉府政所執事 廂 室評
挙冬 東 (元・高冬)
高秀 系譜不詳 東

（5）摂津系図

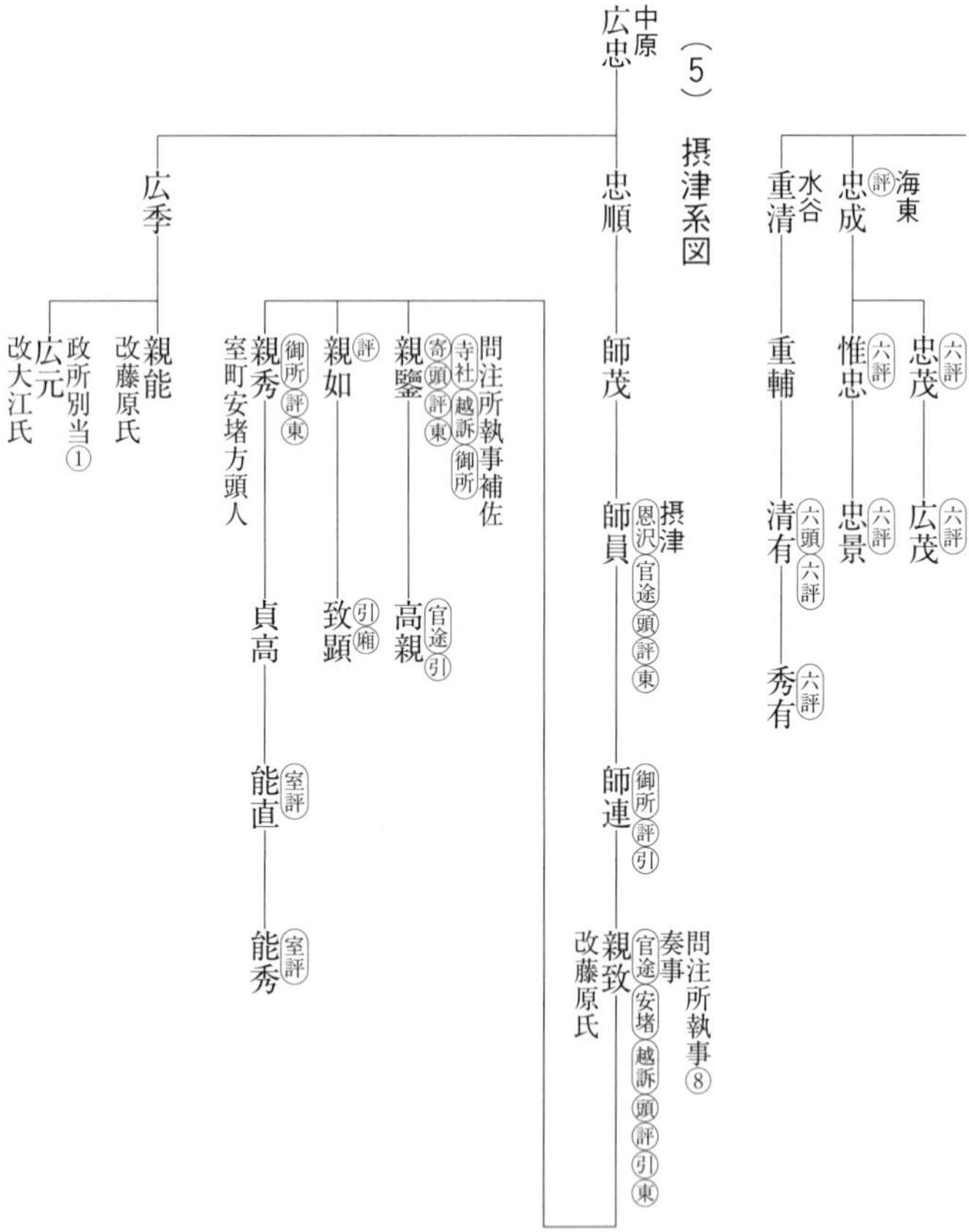

海東 忠成 評
忠茂 六評
広茂 六評
惟忠 六評
忠景 六評
水谷 重清
重輔
清有 六頭 六評
秀有 六評
中原 広忠
忠順
師茂
摂津 師員 恩沢 官途 頭 評 東
師連 御所 評 引
親致 問注所執事 ⑧ 奏事 官途 安堵 越訴 頭 評 引 東
改藤原氏
親鑒 問注所執事補佐 寺社 越訴 御所 寄 頭 評 東
高親 官途 引
親如 評
致顕 引 廂
親秀 御所 評 東
室町安堵方頭人
貞高
能直 室評
能秀 室評
広季
親能
改藤原氏
広元 政所別当 ①
改大江氏

(6) 二階堂系図

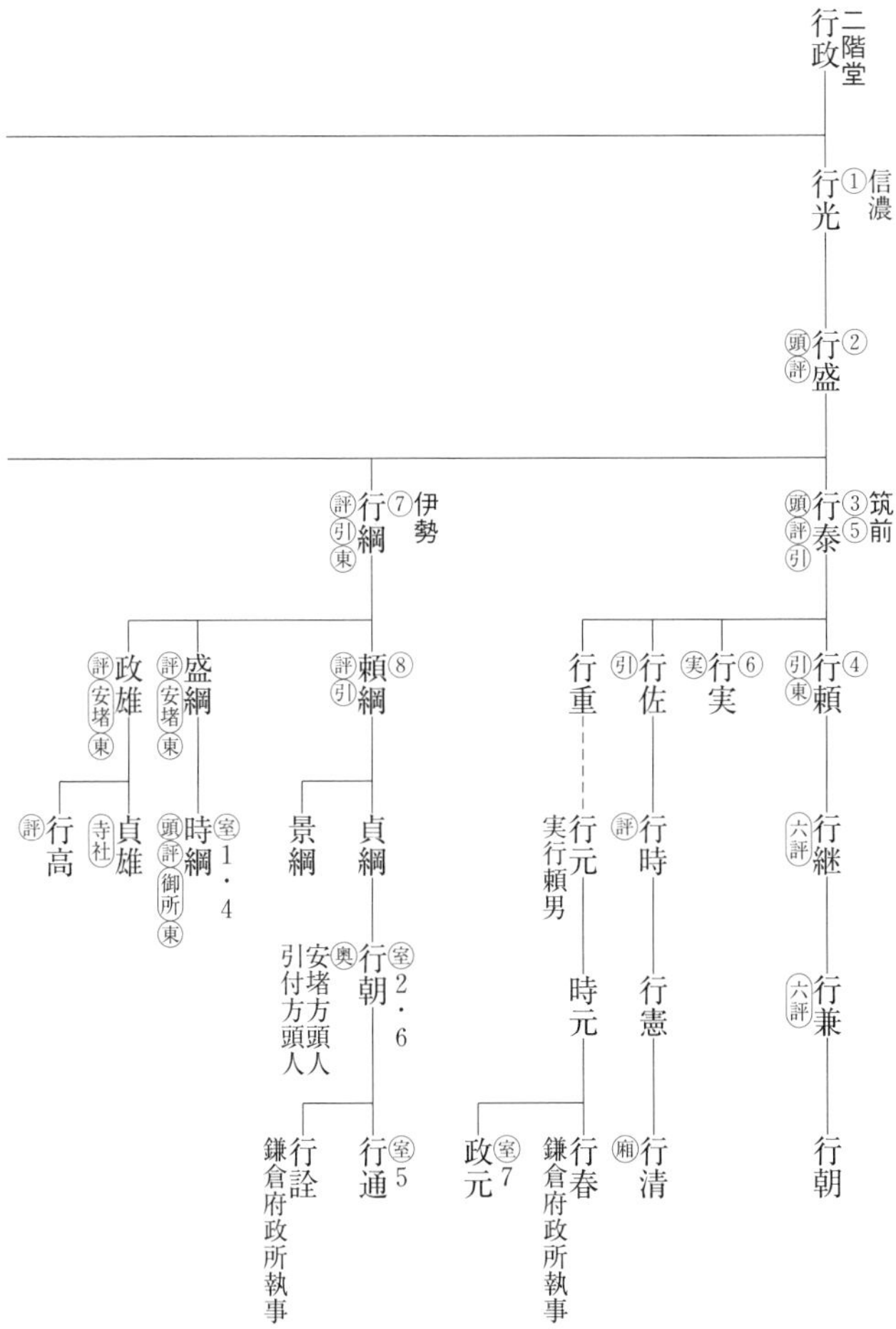
二階堂
行政
信濃
①
行光
②
頭
評
行盛
筑前
③⑤
頭
評
引
行泰
伊勢
⑦
評
引
東
行綱
④
引
東
行頼
⑥
実
行実
引
行佐
行重
⑧
評
引
頼綱
評
安堵
東
盛綱
評
安堵
東
政雄
六評
行継
評
行時
行元
実行頼男
貞綱
景綱
室1・4
頭
評
御所
東
時綱
寺社
貞雄
評
行高
六評
行兼
行憲
時元
室2・6
奥
行朝
安堵方頭人
引付方頭人
行朝
廂
行清
行春
鎌倉府政所執事
室7
政元
室5
行通
行詮
鎌倉府政所執事

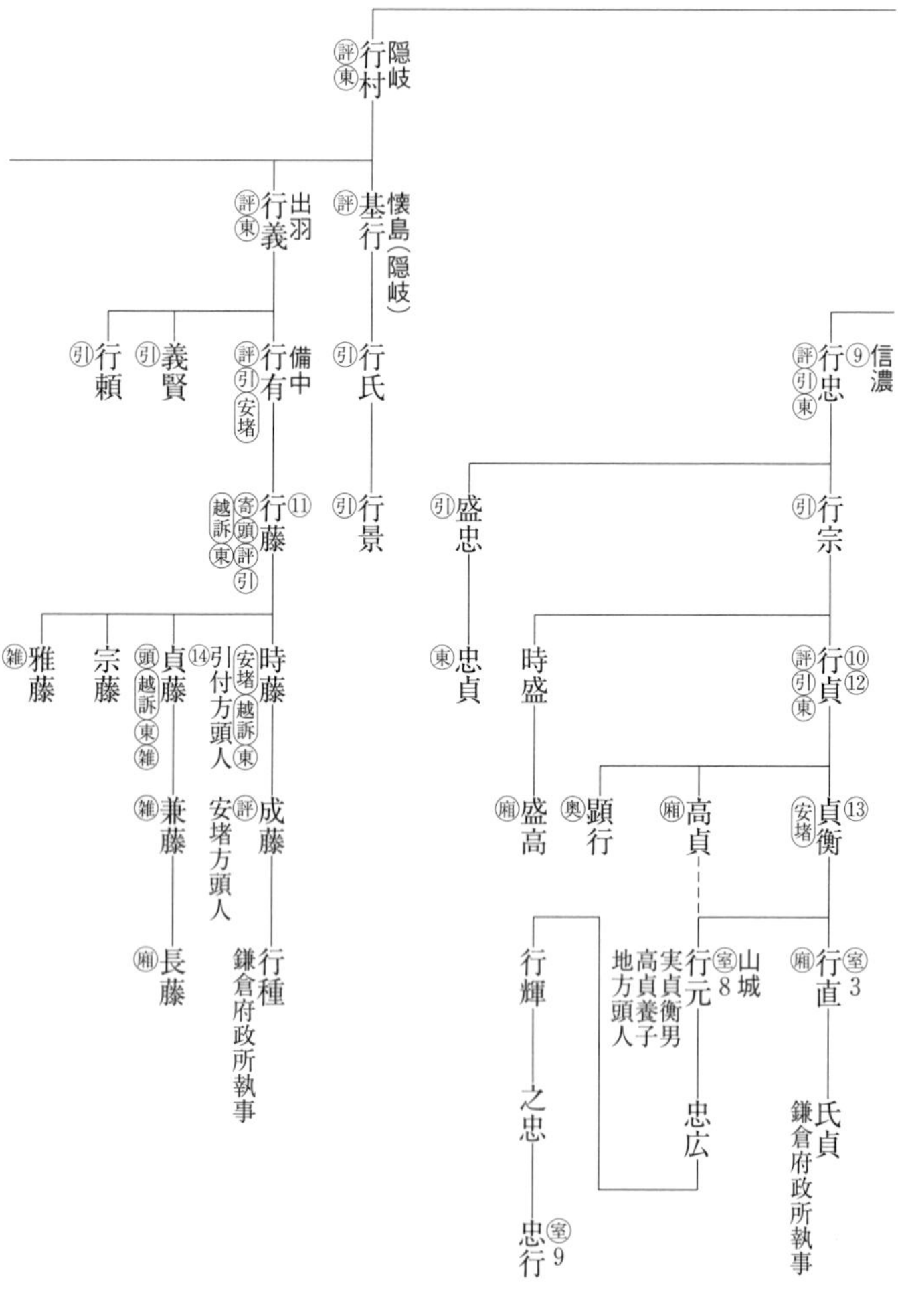
隠岐 行村 評 東
懐島（隠岐） 基行 評
行氏 引
行景 引
出羽 行義 評 東
備中 行有 評 引 安堵
義賢 引
行頼 引
⑪ 行藤 寄 頭 評 引 越訴 東
時藤 安堵 越訴 東
引付方頭人
成藤 評
安堵方頭人
行種
鎌倉府政所執事
⑭ 貞藤 頭 越訴 東 雑
兼藤 雑
長藤 廂
宗藤
雅藤 雑
信濃 ⑨ 行忠 評 引 東
行宗 引
盛忠 引
忠貞 東
⑩⑫ 行貞 評 引 東
時盛
盛高 廂
⑬ 貞衡 安堵
高貞 廂
顕行 奥
室3 行直 廂
氏貞
鎌倉府政所執事
山城 行元 室8
実貞衡男
高貞養子
地方頭人
忠広
行輝
之忠
忠行 室9

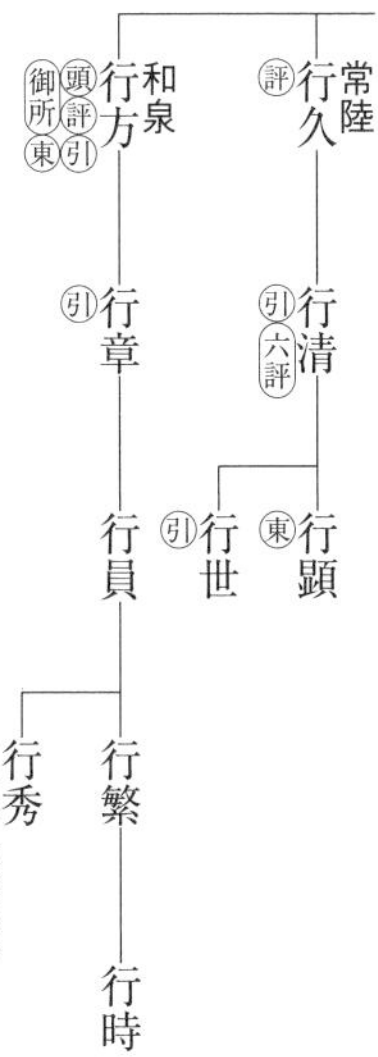

（注）1　①〜⑭は二階堂氏における鎌倉幕府政所執事就任順位。行光の後、伊賀光宗が就任。

2　(室)1〜9は二階堂氏における室町幕府政所執事就任順位。

（7） 康信流三善系図

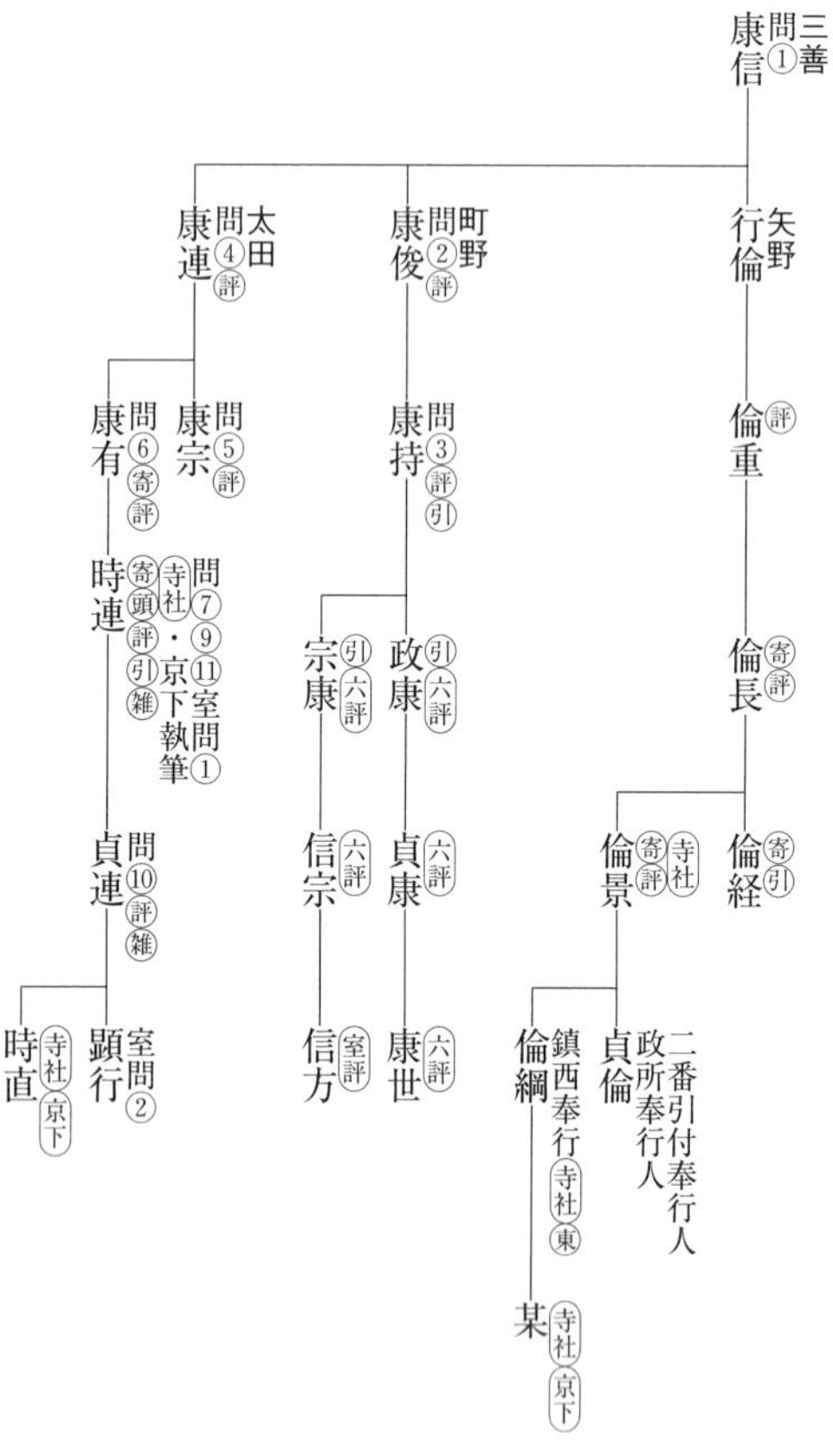

（注）1　問①～⑪は鎌倉幕府問注所執事就任者と就任順位（第八代は摂津親致）。

2　室問①～②は室町幕府問注所執事就任者と就任順位。

（8）教隆流清原系図

- 清原 教隆（引）
  - 直隆 ― 教元（官途）
  - 俊隆 ― 教秀 ― 教氏 一番引付奉行人

（9）安達・大曾禰系図

- 小野田 兼盛 ― 盛長 ― 安達 景盛 城介①
  - 義景 城介②（寄）（頭）（評）（東）
    - 関戸 頼景（引）（六評）
    - 大室 景村 ― 泰宗 ― 女 貞時妻 高時・泰家母
    - 泰盛 城介③（越訴）（恩沢）（寄）（頭）（評）
      - 盛宗
      - 宗景 城介④（頭）（評）（引） ― 貞泰
    - 時盛（評）（東） ― 時長 ― 師顕（評）（引）?
    - 重景 ― 師景（評）（引）? ― 高茂

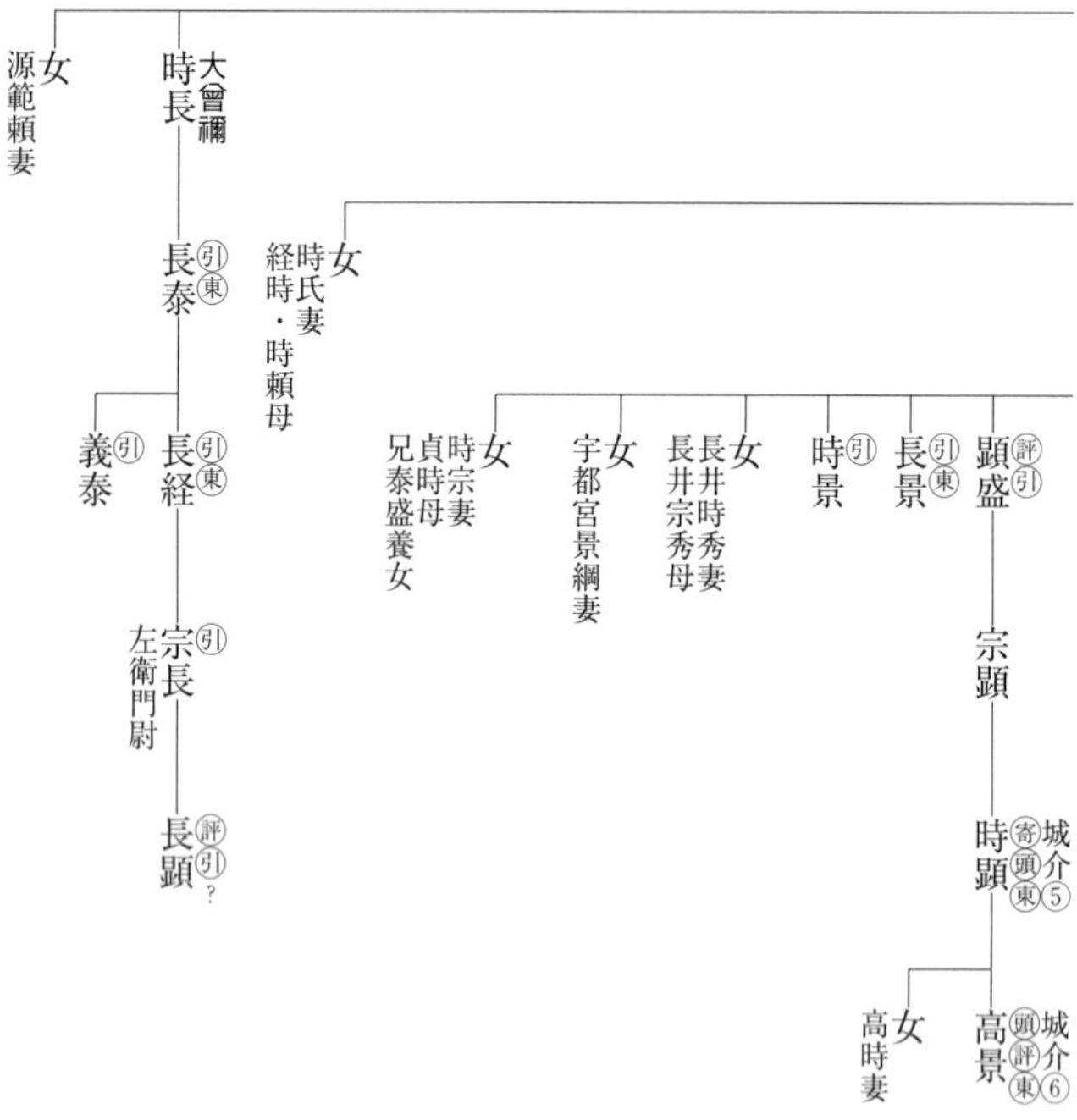

（注） 城介①〜⑥は秋田城介任官順位。

(10) 佐々木系図

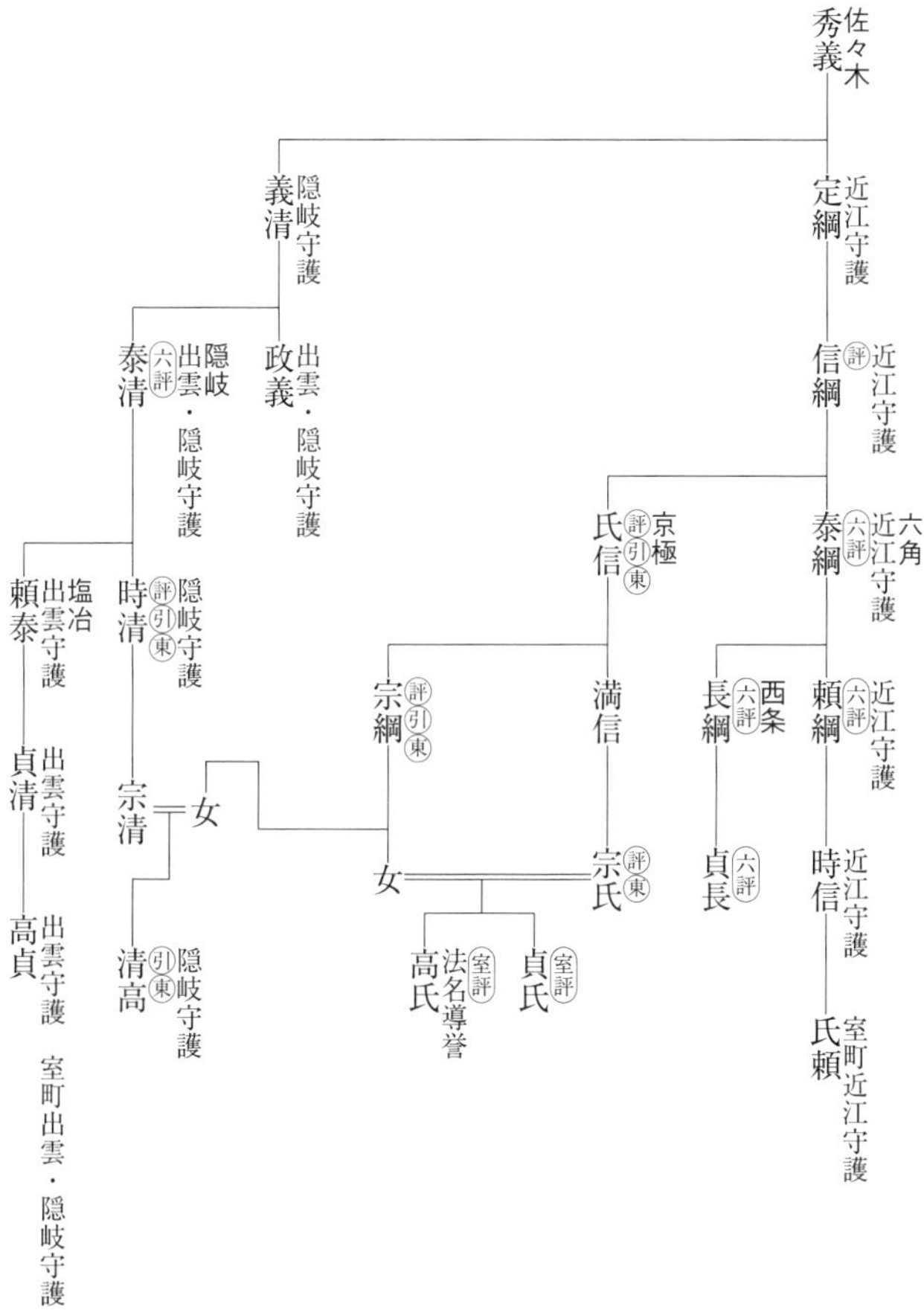

佐々木 秀義
近江守護 定綱
隠岐守護 義清
近江守護 評 信綱
隠岐・出雲・隠岐守護 六評 泰清
出雲・隠岐守護 政義
六角 近江守護 六評 泰綱
京極 評引東 氏信
塩冶 出雲守護 頼泰
隠岐守護 評引東 時清
近江守護 六評 頼綱
西条 六評 長綱
満信
評引東 宗綱
出雲守護 貞清
宗清
女
近江守護 時信
六評 貞長
評東 宗氏
女
出雲守護 室町出雲・隠岐守護 高貞
隠岐守護 引東 清高
室評 法名導誉 高氏
室評 貞氏
室町近江守護 氏頼

(11) 宇都宮系図

- 八田 宗綱
  - 宇都宮 朝綱
    - 成綱
      - 頼綱
        - 泰綱(評)
          - 執奏 景綱(頭)(評)(引)(東)
            - 貞綱(引)(東)
              - 公綱(引)(雑)（元・高綱）
              - 女 北条茂時妻
          - 経綱
            - 女 大仏宗宣妻
            - 女 北条宗房妻
          - 女 普音寺業時妻
          - 女 北条経時妻
  - 八田 知家
    - 八田 知重
    - 宍戸 家政
      - 小田 時家(評)(引)
        - 景家
          - 知員
            - 知宗(六)(頭)
              - 時知(六)(頭)
              - 貞知(六)(頭)
    - 中条 家長(評)
      - 家平
        - 頼平(六)(評)

(12) 後藤系図

- 後藤 基清
  - 基綱 (評)(引)(恩沢)
    - 基政 (引)(六評)
      - 基頼 (引)(六頭)(六評)
        - 基宗 (六評)
          - 基雄 (六評)
    - 基隆 (六評)
      - 基秀 (六評)

系譜不詳

- 某 (御所)(評) 信濃守 後藤信濃入道

(13) 長崎系図

- 平 盛綱 家令 (執事)(侍所)
  - 貞綱
  - 長崎 時綱 得宗家公文所職員 侍所職員 備中守護代
    - 盛弁 盛綱養子
  - 平 盛時 (侍所)(寄)
    - 頼綱 (執事)(侍所)(寄) 信濃守護代 法名杲円
      - 宗綱 (執事)(侍所)
      - 飯沼 資宗

- 長崎光盛
  - 光綱（執事）（侍所）
    - 盛宗（執事）（侍所）（寄） 法名円喜 俗称高綱
      - 高貞（侍所） 上野守護代
      - 高資（執事）（評）
    - 覚久 実北条貞時子（破線）

(14) 諏訪系図

- 諏訪盛重（寄）
  - 盛経（執事）（寄） 法名真性
    - 宗秀（寄）? 法名直性
      - 某 得宗家公文所職員

(15) 尾藤系図

- 尾藤知景
  - 景綱 得宗家家令
    - 景氏（寄） 尾藤太（破線）
  - 中野景信
    - 景氏（寄） 尾藤太
      - 頼景
        - 時綱（執事）（寄） 法名演心
          - 時景

(16) 工藤系図

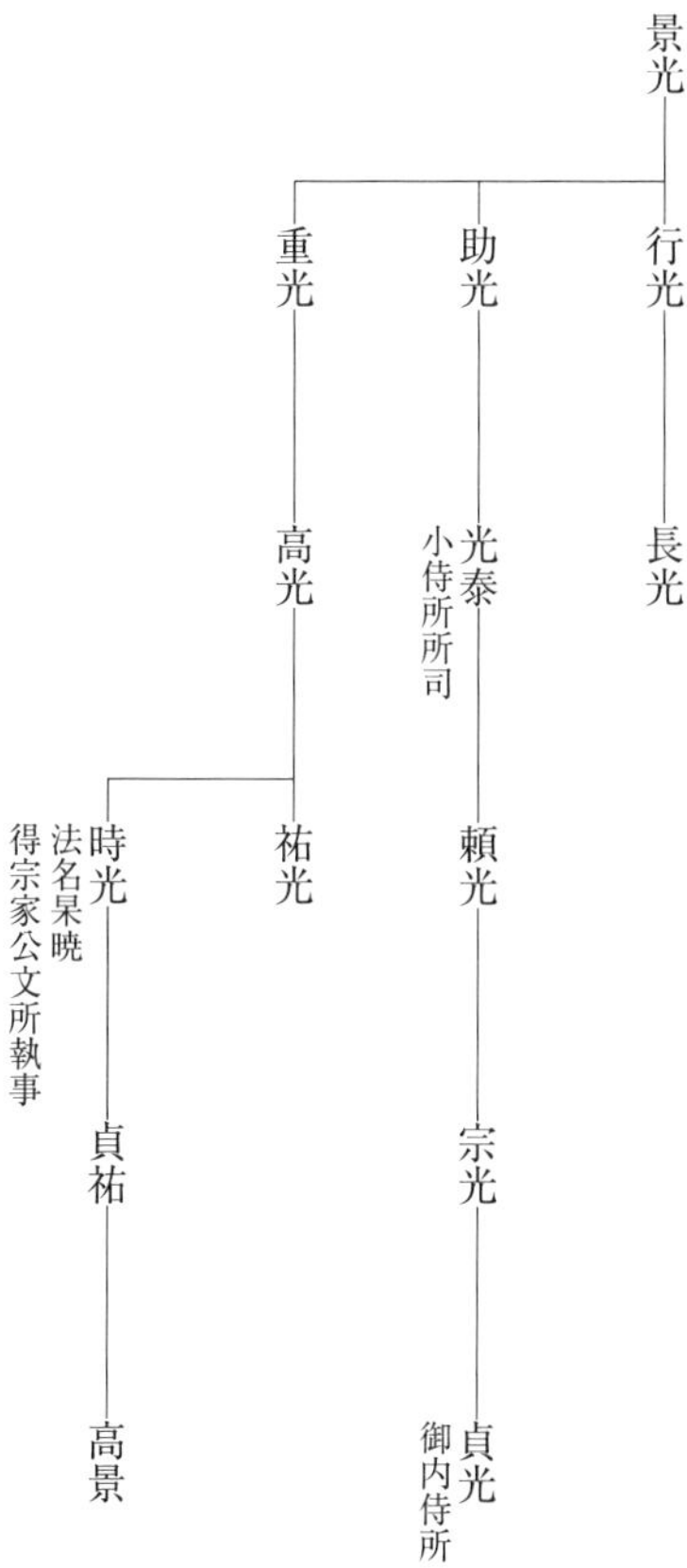

(注)『伊東氏大系図』(東京大学史料編纂所架蔵影写本)にもとづく今野慶信氏の復元(同「藤原南家武智麿四男乙麻呂流鎌倉御家人の系図」〈峰岸純夫・入間田宣夫・白根靖大編『中世武家系図の史料論』上、高志書院、二〇〇七年〉一一五頁)に拠る。同「得宗被官工藤氏の基礎的考察」(『鎌倉』一〇七、二〇〇九年)・池田瞳「北条時宗・金沢実時期の小侍所」(阿部猛編『中世政治史の研究』、日本史史料研究会、二〇一〇年)も参照されたい。

著者紹介
一九六二年、東京都に生まれる
一九八七年、東洋大学文学部史学科卒業
一九九三年、立正大学大学院文学研究科史学専攻博士後期課程満期退学
一九九七年、博士（文学・立正大学）
現在、中世内乱研究会総裁、著述業

主要著書
鎌倉政権得宗専制論　鎌倉北条氏の神話と歴史　討論　鎌倉末期政治史（共著）

歴史文化ライブラリー
316

鎌倉幕府の滅亡

二〇一一年（平成二十三）三月一日　第一刷発行
二〇二三年（令和　五　）四月一日　第四刷発行

著　者　細川重男（ほそかわしげお）
発行者　吉川道郎
発行所　株式会社　吉川弘文館
東京都文京区本郷七丁目二番八号
郵便番号一一三—〇〇三三
電話〇三—三八一三—九一五一〈代表〉
振替口座〇〇一〇〇—五—二四四
http://www.yoshikawa-k.co.jp/
印刷＝株式会社　平文社
製本＝ナショナル製本協同組合
装幀＝清水良洋・星野槙子

ISBN978-4-642-05716-5

歴史文化ライブラリー

1996.10

刊行のことば

現今の日本および国際社会は、さまざまな面で大変動の時代を迎えておりますが、近づきつつある二十一世紀は人類史の到達点として、物質的な繁栄のみならず文化や自然・社会環境を謳歌できる平和な社会でなければなりません。しかしながら高度成長・技術革新にともなう急激な変貌は「自己本位な刹那主義」の風潮を生みだし、先人が築いてきた歴史や文化に学ぶ余裕もなく、いまだ明るい人類の将来が展望できていないようにも見えます。このような状況を踏まえ、よりよい二十一世紀社会を築くために、人類誕生から現在に至る「人類の遺産・教訓」としてのあらゆる分野の歴史と文化を「歴史文化ライブラリー」として刊行することといたしました。

小社は、安政四年（一八五七）の創業以来、一貫して歴史学を中心とした専門出版社として書籍を刊行しつづけてまいりました。その経験を生かし、学問成果にもとづいた本叢書を刊行し社会的要請に応えて行きたいと考えております。

現代は、マスメディアが発達した高度情報化社会といわれますが、私どもはあくまでも活字を主体とした出版こそ、ものの本質を考える基礎と信じ、本叢書をとおして社会に訴えてまいりたいと思います。これから生まれでる一冊一冊が、それぞれの読者を知的冒険の旅へと誘い、希望に満ちた人類の未来を構築する糧となれば幸いです。

吉川弘文館

歴史文化ライブラリー

中世史

列島を翔ける平安武士 九州・京都・東国――野口　実
源氏と坂東武士――野口　実
敗者たちの中世争乱 年号から読み解く――関　幸彦
平氏が語る源平争乱――永井　晋
熊谷直実 中世武士の生き方――高橋　修
中世武士 畠山重忠 秩父平氏の嫡流――清水　亮
頼朝と街道 鎌倉政権の東国支配――木村茂光
もう一つの平泉 奥州藤原氏第二の都市・比爪――羽柴直人
六波羅探題 京を治めた北条一門――森　幸夫
大道 鎌倉時代の幹線道路――岡　陽一郎
仏都鎌倉の一五〇年――今井雅晴
鎌倉北条氏の興亡――奥富敬之
鎌倉幕府はなぜ滅びたのか――永井　晋
三浦一族の中世――高橋秀樹
伊達一族の中世「独眼龍」以前――伊藤喜良
弓矢と刀剣 中世合戦の実像――近藤好和
その後の東国武士団 源平合戦以後――関　幸彦
荒ぶるスサノヲ、七変化〈中世神話〉の世界――斎藤英喜
曽我物語の史実と虚構――坂井孝一
鎌倉浄土教の先駆者 法然――中井真孝
親　鸞――平松令三
親鸞と歎異抄――今井雅晴
畜生・餓鬼・地獄の中世仏教史 因果応報と悪道――生駒哲郎
神や仏に出会う時 中世びとの信仰と絆――大喜直彦
神仏と中世人 宗教をめぐるホンネとタテマエ――衣川　仁
神風の武士像 蒙古合戦の真実――関　幸彦
鎌倉幕府の滅亡――細川重男
足利尊氏と直義 京の夢、鎌倉の夢――峰岸純夫
高　師直 室町新秩序の創造者――亀田俊和
新田一族の中世「武家の棟梁」への道――田中大喜
皇位継承の中世史 血統をめぐる政治と内乱――佐伯智広
地獄を二度も見た天皇 光厳院――飯倉晴武
南朝の真実 忠臣という幻想――亀田俊和
信濃国の南北朝内乱 悪党と八〇年のカオス――櫻井　彦
中世の巨大地震――矢田俊文
大飢饉、室町社会を襲う!――清水克行
中世の富と権力 寄進する人びと――湯浅治久

歴史文化ライブラリー

中世は核家族だったのか 民衆の暮らしと生き方―西谷正浩
出雲の中世 地域と国家のはざま―佐伯徳哉
中世武士の城―齋藤慎一
戦国の城の一生 つくる・壊す・蘇る―竹井英文
九州戦国城郭史 大名・国衆たちの築城記―岡寺 良
徳川家康と武田氏 信玄・勝頼との十四年戦争―本多隆成
戦国大名毛利家の英才教育 元就・隆元・輝元と妻たち―五條小枝子
戦国大名の兵粮事情―久保健一郎
戦乱の中の情報伝達 使者がつなぐ中世京都と在地―酒井紀美
戦国時代の足利将軍―山田康弘
足利将軍と御三家 吉良・石橋・渋川氏―谷口雄太
〈武家の王〉足利氏 戦国大名と足利的秩序―谷口雄太
室町将軍の御台所 日野康子・重子・富子―田端泰子
名前と権力の中世史 室町将軍の朝廷戦略―水野智之
摂関家の中世 藤原道長から豊臣秀吉まで―樋口健太郎
戦国貴族の生き残り戦略―岡野友彦
鉄砲と戦国合戦―宇田川武久
検証 長篠合戦―平山 優
織田信長と戦国の村 天下統一のための近江支配―深谷幸治
検証 本能寺の変―谷口克広
明智光秀の生涯―諏訪勝則
加藤清正 朝鮮侵略の実像―北島万次
落日の豊臣政権 秀吉の憂鬱、不穏な京都―河内将芳
豊臣秀頼―福田千鶴
天下人たちの文化戦略 科学の眼でみる桃山文化―北野信彦
イエズス会がみた「日本国王」 天皇・将軍・信長・秀吉―松本和也
海賊たちの中世―金谷匡人
アジアのなかの戦国大名 西国の群雄と経営戦略―鹿毛敏夫
琉球王国と戦国大名 島津侵入までの半世紀―黒嶋 敏
天下統一とシルバーラッシュ 銀と戦国の流通革命―本多博之

近世史

慶長遣欧使節 伊達政宗が夢見た国際外交―佐々木 徹
徳川忠長 兄家光の苦悩、将軍家の悲劇―小池 進
女と男の大奥 大奥法度を読み解く―福田千鶴
大奥を創った女たち―福田千鶴
江戸のキャリアウーマン 奥女中の仕事・出世・老後―柳谷慶子
細川忠利 ポスト戦国世代の国づくり―稲葉継陽
家老の忠義 大名細川家存続の秘訣―林 千寿

歴史文化ライブラリー

- 隠れた名君 前田利常 加賀百万石の運営手腕 ― 木越隆三
- 明暦の大火 「都市改造」という神話 ― 岩本 馨
- 〈伊達騒動〉の真相 ― 平川 新
- 江戸の政権交代と武家屋敷 ― 岩本 馨
- 江戸の町奉行 ― 南 和男
- 大名行列を解剖する 江戸の人材派遣 ― 根岸茂夫
- 江戸大名の本家と分家 ― 野口朋隆
- 〈甲賀忍者〉の実像 ― 藤田和敏
- 江戸の武家名鑑 武鑑と出版競争 ― 藤實久美子
- 江戸の出版統制 弾圧に翻弄された戯作者たち ― 佐藤至子
- 武士という身分 城下町萩の大名家臣団 ― 森下 徹
- 旗本・御家人の就職事情 ― 山本英貴
- 武士の奉公 本音と建前 江戸時代の出世と処世術 ― 高野信治
- 近江商人と出世払い 出世証文を読み解く ― 宇佐美英機
- 宮中のシェフ、鶴をさばく 江戸時代の朝廷と庖丁道 ― 西村慎太郎
- 犬と鷹の江戸時代 〈犬公方〉綱吉と〈鷹将軍〉吉宗 ― 根崎光男
- 紀州藩主 徳川吉宗 明君伝説・宝永地震・隠密御用 ― 藤本清二郎
- 近世の巨大地震 ― 矢田俊文
- 土砂留め奉行 河川災害から地域を守る ― 水本邦彦
- 外来植物が変えた江戸時代 里湖・里海の資源と都市消費 ― 佐野静代
- 死者のはたらきと江戸時代 遺訓・家訓・辞世 ― 深谷克己
- 闘いを記憶する百姓たち 江戸時代の裁判学習帳 ― 八鍬友広
- 江戸時代の瀬戸内海交通 ― 倉地克直
- 江戸のパスポート 旅の不安はどう解消されたか ― 柴田 純
- 江戸の捨て子たち その肖像 ― 沢山美果子
- 江戸の乳と子ども いのちをつなぐ ― 沢山美果子
- 江戸時代の医師修業 学問・学統・遊学 ― 海原 亮
- 江戸幕府の日本地図 国絵図・城絵図・日本図 ― 川村博忠
- 踏絵を踏んだキリシタン ― 安高啓明
- 墓石が語る江戸時代 大名・庶民の墓事情 ― 関根達人
- 石に刻まれた江戸時代 無縁・遊女・北前船 ― 関根達人
- 近世の仏教 華ひらく思想と文化 ― 末木文美士
- 松陰の本棚 幕末志士たちの読書ネットワーク ― 桐原健真
- 龍馬暗殺 ― 桐野作人
- 日本の開国と多摩 生糸・農兵・武州一揆 ― 藤田 覚
- 幕末の世直し 万人の戦争状態 ― 須田 努
- 幕末の海軍 明治維新への航跡 ― 神谷大介
- 海辺を行き交うお触れ書き 浦触の語る徳川情報網 ― 水本邦彦

歴史文化ライブラリー

江戸の海外情報ネットワーク——岩下哲典

近・現代史

江戸無血開城 本当の功労者は誰か？——岩下哲典
五稜郭の戦い 蝦夷地の終焉——菊池勇夫
水戸学と明治維新——吉田俊純
大久保利通と明治維新——佐々木 克
刀の明治維新 「帯刀」は武士の特権か？——尾脇秀和
維新政府の密偵たち 御庭番と警察のあいだ——大日方純夫
京都に残った公家たち 華族の近代——刑部芳則
文明開化 失われた風俗——百瀬 響
西南戦争 戦争の大義と動員される民衆——猪飼隆明
大久保利通と東アジア 国家構想と外交戦略——勝田政治
明治の政治家と信仰 クリスチャン民権家の肖像——小川原正道
大元帥と皇族軍人 明治編——小田部雄次
皇居の近現代史 開かれた皇室像の誕生——河西秀哉
日本赤十字社と皇室 博愛か報国か——小菅信子
リーダーたちの日清戦争——佐々木雄一
陸軍参謀 川上操六 日清戦争の作戦指導者——大澤博明
日清・日露戦争と写真報道 戦場を駆ける写真師たち——井上祐子
軍隊を誘致せよ 陸海軍と都市形成——松下孝昭
軍港都市の一五〇年 横須賀・呉・佐世保・舞鶴——上杉和央
〈軍港都市〉横須賀 軍隊と共生する街——高村聰史
お米と食の近代史——大豆生田 稔
日本酒の近現代史 酒造地の誕生——鈴木芳行
失業と救済の近代史——加瀬和俊
近代日本の就職難物語 「高等遊民」になるけれど——町田祐一
難民たちの日中戦争 戦火に奪われた日常——芳井研一
昭和天皇とスポーツ 〈玉体〉の近代史——坂上康博
大元帥と皇族軍人 大正・昭和編——小田部雄次
昭和陸軍と政治 「統帥権」というジレンマ——高杉洋平
松岡洋右と日米開戦 大衆政治家の功と罪——服部 聡
唱歌「蛍の光」と帝国日本——大日方純夫
稲の大東亜共栄圏 帝国日本の〈緑の革命〉——藤原辰史
地図から消えた島々 幻の日本領と南洋探検家たち——長谷川亮一
自由主義は戦争を止められるのか 芦田均・清沢洌・石橋湛山——上田美和
軍用機の誕生 日本軍の航空戦略と技術開発——水沢 光
国産航空機の歴史 零戦・隼からYS－一一まで——笠井雅直
首都防空網と〈空都〉多摩——鈴木芳行

歴史文化ライブラリー

帝都防衛 戦争・災害・テロ――土田宏成
陸軍登戸研究所と謀略戦 科学者たちの戦争――渡辺賢二
帝国日本の技術者たち――沢井　実
強制された健康 日本ファシズム下の生命と身体――藤野　豊
戦争とハンセン病――藤野　豊
「自由の国」の報道統制 大戦下の日系ジャーナリズム――水野剛也
学徒出陣 戦争と青春――蜷川壽惠
特攻隊の〈故郷〉 霞ヶ浦・筑波山・北浦・鹿島灘――伊藤純郎
沖縄戦　強制された「集団自決」――林　博史
陸軍中野学校と沖縄戦 知られざる少年兵「護郷隊」――川満　彰
沖縄戦の子どもたち――川満　彰
沖縄からの本土爆撃 米軍出撃基地の誕生――林　博史
原爆ドーム 物産陳列館から広島平和記念碑へ――頴原澄子
米軍基地の歴史 世界ネットワークの形成と展開――林　博史
沖縄米軍基地全史――野添文彬
考証　東京裁判 戦争と戦後を読み解く――宇田川幸大
昭和天皇退位論のゆくえ――冨永　望
ふたつの憲法と日本人 戦前・戦後の憲法観――川口暁弘
戦後文学のみた〈高度成長〉――伊藤正直
首都改造 東京の再開発と都市政治――源川真希
鯨を生きる 鯨人の個人史・鯨食の同時代史――赤嶺　淳

文化史・誌

落書きに歴史をよむ――三上喜孝
山寺立石寺 霊場の歴史と信仰――山口博之
神になった武士 平将門から西郷隆盛まで――高野信治
跋扈する怨霊 祟りと鎮魂の日本史――山田雄司
将門伝説の歴史――樋口州男
空海の文字とことば――岸田知子
殺生と往生のあいだ 中世仏教と民衆生活――苅米一志
浦島太郎の日本史――三舟隆之
〈ものまね〉の歴史 仏教・笑い・芸能――石井公成
戒名のはなし――藤井正雄
墓と葬送のゆくえ――森　謙二
運　慶 その人と芸術――副島弘道
ほとけを造った人びと 止利仏師から運慶・快慶まで――根立研介
祇園祭 祝祭の京都――川嶋將生
洛中洛外図屛風 つくられた〈京都〉を読み解く――小島道裕
化粧の日本史 美意識の移りかわり――山村博美

歴史文化ライブラリー

乱舞の中世 白拍子・乱拍子・猿楽——沖本幸子
神社の本殿 建築にみる神の空間——三浦正幸
古建築を復元する 過去と現在の架け橋——海野 聡
生きつづける民家 保存と再生の建築史——中村琢巳
大工道具の文明史 日本・中国・ヨーロッパの建築技術——渡邉 晶
苗字と名前の歴史——坂田 聡
日本人の姓・苗字・名前 人名に刻まれた歴史——大藤 修
大相撲行司の世界——根間弘海
日本料理の歴史——熊倉功夫
日本の味 醤油の歴史——林 玲子・天野雅敏 編
中世の喫茶文化 儀礼の茶から「茶の湯」へ——橋本素子
香道の文化史——本間洋子
天皇の音楽史 古代・中世の帝王学——豊永聡美
流行歌の誕生 「カチューシャの唄」とその時代——永嶺重敏
話し言葉の日本史——野村剛史
柳宗悦と民藝の現在——松井 健
ガラスの来た道 古代ユーラシアをつなぐ輝き——小寺智津子
たたら製鉄の歴史——角田徳幸
金属が語る日本史 銭貨・日本刀・鉄炮——齋藤 努
書物と権力 中世文化の政治学——前田雅之
気候適応の日本史 人新世をのりこえる視点——中塚 武
災害復興の日本史——安田政彦

民俗学・人類学

古代ゲノムから見たサピエンス史——太田博樹
日本人の誕生 人類はるかなる旅——埴原和郎
倭人への道 人骨の謎を追って——中橋孝博
役行者と修験道の歴史——宮家 準
幽霊 近世都市が生み出した化物——髙岡弘幸
雑穀を旅する——増田昭子
川は誰のものか 人と環境の民俗学——菅 豊
柳田国男 その生涯と思想——川田 稔
遠野物語と柳田國男 日本人のルーツをさぐる——新谷尚紀

考古学

タネをまく縄文人 最新科学が覆す農耕の起源——小畑弘己
イヌと縄文人 狩猟の相棒、神へのイケニエ——小宮 孟
顔の考古学 異形の精神史——設楽博己
〈新〉弥生時代 五〇〇年早かった水田稲作——藤尾慎一郎
文明に抗した弥生の人びと——寺前直人

歴史文化ライブラリー

歴史文化ライブラリー

戸籍が語る古代の家族——今津勝紀
古代の人・ひと・ヒト 名前と身体から歴史を探る——三宅和朗
万葉集と古代史——直木孝次郎
郡司と天皇 地方豪族と古代国家——磐下 徹
地方官人たちの古代史 律令国家を支えた人びと——中村順昭
古代の都はどうつくられたか 中国・日本・朝鮮・渤海——吉田 歓
平城京に暮らす 天平びとの泣き笑い——馬場 基
平城京の住宅事情 貴族はどこに住んだのか——近江俊秀
すべての道は平城京へ 古代国家の〈支配の道〉——市 大樹
都はなぜ移るのか 遷都の古代史——仁藤敦史
古代の都と神々 怪異を吸いとる神社——榎村寛之
聖武天皇が造った都 難波宮・恭仁宮・紫香楽宮——小笠原好彦
天皇側近たちの奈良時代——十川陽一
藤原仲麻呂と道鏡 ゆらぐ奈良朝の政治体制——鷺森浩幸
古代の女性官僚 女官の出世・結婚・引退——伊集院葉子
〈謀反〉の古代史 平安朝の政治改革——春名宏昭
皇位継承と藤原氏 摂政・関白はなぜ必要だったのか——神谷正昌
王朝貴族と外交 国際社会のなかの平安日本——渡邊 誠
平安朝 女性のライフサイクル——服藤早苗
平安貴族の住まい 寝殿造から読み直す日本住宅史——藤田勝也
平安京のニオイ——安田政彦
平安京の災害史 都市の危機と再生——北村優季
平安京はいらなかった 古代の夢を喰らう中世——桃崎有一郎
天神様の正体 菅原道真の生涯——森 公章
平将門の乱を読み解く——木村茂光
安倍晴明 陰陽師たちの平安時代——繁田信一
平安時代の死刑 なぜ避けられたのか——戸川 点
古代の神社と神職 神をまつる人びと——加瀬直弥
古代の食生活 食べる・働く・暮らす——吉野秋二
古代の刀剣 日本刀の源流——小池伸彦
大地の古代史 土地の生命力を信じた人びと——三谷芳幸
時間の古代史 霊鬼の夜、秩序の昼——三宅和朗

各冊一七〇〇円〜二一〇〇円（いずれも税別）
▽残部僅少の書目も掲載してあります。品切の節はご容赦下さい。
▽品切書目の一部について、オンデマンド版の販売も開始しました。
詳しくは出版図書目録、または小社ホームページをご覧下さい。